U0314375

探秘

五粮液

酿造·品质·科技

赵东 杨韵霞 主编

化学工业出版社

·北京·

内 容 简 介

本书根据五粮液发展脉络撰写而成，在全面系统展示五粮液传承和变革的同时，着重从酿造技艺、品质管理、科研创新等维度，介绍五粮液传统工艺与现代科学技术的有机融合以及五粮液百年来的创新发展之路。本书以通俗易懂的语言，向广大消费者普及中国白酒传统名酒知识的同时，力争传播五粮液"和美"价值理念以及中国传统酒文化。

图书在版编目（CIP）数据

探秘五粮液/赵东，杨韵霞主编. —北京：化学工业出版社，2022.12
ISBN 978-7-122-42570-6

Ⅰ.① 探… Ⅱ.① 赵… ② 杨… Ⅲ.① 浓香型白酒-酿酒工业-工业史-宜宾 Ⅳ.① F426.82

中国版本图书馆CIP数据核字（2022）第212784号

责任编辑：赵玉清　　　　　　　文字编辑：周　偶
责任校对：田睿涵　　　　　　　装帧设计：尹琳琳

出版发行：化学工业出版社
　　　　　（北京市东城区青年湖南街13号　邮政编码100011）
印　　装：北京瑞禾彩色印刷有限公司
880mm×1230mm　1/32　印张 $8\frac{3}{4}$　字数182千字
2023年1月北京第1版第1次印刷

购书咨询：010-64518888　　售后服务：010-64518899
网　　址：http://www.cip.com.cn
凡购买本书，如有缺损质量问题，本社销售中心负责调换。

定　　价：99.00元　　　　　　　　版权所有　违者必究

《探秘五粮液》编撰委员会

主　任　曾从钦

副主任　邹　涛　蒋文格

顾　问　李曙光

委　员　张　宇　肖　浩　胡宇芸　罗　伟　杨韵霞　蒋　琳
　　　　蒋文春　蒋　佳　陈　洪　郭叙雷　谢治平　刘　明
　　　　岳　松　刘　洋　李　健　赵　东

主　编　赵　东　杨韵霞

副主编　安明哲　袁杰彬　孙啸涛

参编人员　（排名不分先后）
　　　　郑　佳　彭志云　陈　斌　邓　依　刘路宏　袁　月
　　　　杨靓婧　明　超　李　红　王　洪　卢彦坪　陈小文
　　　　李　茂　廖勤俭　刘多涛　杨康卓　罗青春　张　霞
　　　　周韩玲　黎崎均　侯禄艳　李　硕　袁灵聪　陈　杨
　　　　文荣强　郑　军　徐雯文　蒋　静　张　斌　颜沛阳
　　　　胡凌嘉　韦章涵　杜伟巍　陈　颖　王　莹　袁党予
　　　　詹　鑫　曾文本　曹思奇　唐家环　朱　江　李　旭
　　　　张　棒　陈　凌　舒勃源　苏茂林　张　庆　王　戎
　　　　钟道远　何佳闰　陈　丽　曹鸿英　叶根军　陈绍俊
　　　　曹　莉　刘　兴　陈　翀　黄太国　王　平

编辑部门　（排名不分先后）
　　　　技术研究中心　　质量管理部　　　　质量检测中心
　　　　公司办公室　　　生产管理部　　　　战略发展部
　　　　党群工作部　　　企业文化研究传播中心　酒体设计中心
　　　　506 车间　　　　五粮液品牌事业部　创新设计中心
　　　　能源环保部　　　人力资源部　　　　董事会办公室
　　　　进出口公司

　　中国是酒的故乡，根据可考据的文物证实，我国酿酒技术可追溯至9000年前的贾湖文化时期。白酒是中国独有的蒸馏酒，其历史以汉代海昏侯墓出土的蒸酒器为据亦至少有2000年。从婚丧到祀戎，白酒见证了市井生活和国之大事的风云际会；从"柴米油盐酱醋茶"到"琴棋书画诗酒花"，白酒正亲历着新时代中华民族的复兴"中国梦"。

　　随着我国高质量发展理念和"双碳"目标的确立，在取消白酒生产线为限制性发展类行业的红海市场下，酒企如何能够百花齐放百家争鸣？科技无疑是重塑白酒未来发展形态和模式的决定性力量。五粮液作为多粮浓香型白酒的典型，坚持"料必优、时必适、工必到、法必精"的古训，秉持"优质、高产、低耗、均衡、安全"的现代化生产理念，秉承"弘扬历史传承，共酿和美生活"的初心使命，提炼"一极三优六首创六精酿"的经典工艺，铸就"生产工艺、质量管理、研发科创、产品创新、数字化升级"一体化自我完善的品质管理体系。参加的四次评酒会均被评为国家名酒、唯一四次荣获全国质量奖。但是长久以来因缺乏面向普通消费者系统介绍五粮液的科普读物，五粮液美酒大多是"墙里开花、巷深卖酒"，未被广大消费者深刻理解。

　　五粮液集团有限公司技术总顾问赵东和总工程师杨韵霞借以"探秘五粮液"为题，通过通俗生动的语言，精略的篇幅，图文并茂地介绍了五粮液的历史、现状、科技和社会贡献，较为全面、系统地向普通消费者解密了企业的文化价值和工艺现状，公开了生产流程和核心控制，这对提高消费者对五粮液的科学认识、弘扬白酒专业知识、涤荡网络上存在已久的一些错误观念有重要的作用。

酒香不怕巷子深，内涵仍需科普引。白酒未来要遵循风味健康双导向的发展思路和生产现代化、市场国际化的扩张道路，我希望这本书能够向大众宣传传统白酒的科技内涵，培养消费者对酒的正确认识，同时更能成为五粮液国际化的文化使者，助力中国白酒走向世界，进而作为载体不断提升国家文化软实力，服务中华民族的伟大复兴。

中国工程院院士

北京工商大学校长

中国食品科学技术学会理事长

2022年9月

前言

　　转眼在五粮液工作已逾三十载，对个体而言三十正而立之年意气风发，对酿酒而言三十仍初窥门径战战兢兢。作为一名五粮液人，深知五粮液固态酿造用料之精、工艺之细、品质之严；作为一名消费者，常惑五粮液科普宣传之少、社会信息之杂、受众认知之浅。两者之矛盾恰是笔者迸发编写此书之缘。

　　"川酒甲天下，精华在宜宾"，拥有4000多年酿酒史的宜宾，是"长江首城·中国酒都"，地处被联合国教科文及粮农组织誉为"地球同纬度上最适合酿造优质纯正蒸馏白酒的地区"。先秦时期，聚居此地的劳动人民便利用本地特有的水源、气候、土壤等自然生态环境，开始了粮食酿酒的探索创造。"中国酒业大王"五粮液始于唐代、发于宋代、成于元明并随时代不断革新，由唐时"重碧酒"、宋时"姚子雪曲"、元时"叙州蒸馏酒"、明时"陈氏秘方"到现今"五粮液"。五粮液拥有700多年不间断发酵的古窖池群，超百年的品牌得名史，独树一帜的高粱、大米、糯米、小麦、玉米5种粮食为原料，借助微生物组学、风味组学和功能组学解密酿制技艺，造就酒体"香气悠久、味醇厚、入口甘美、入喉净爽、各味谐调、恰到好处，尤以酒味全面而著称"。

　　笔者于1982年就读于无锡轻工业学院（现江南大学）发酵工程系发酵工程专业，自20世纪80年代扎根五粮液，从一名普通员工成长为教授级高级工程师、中国酿酒大师、国家级"赵东酿酒技能大师工作室"领办人，见证了五粮液"一次创业"和"二次创业"的艰辛和成就，深感企业的发展离不开党和国家的关心和支持，本次受集团委托，主持《探秘五粮液》的编写，是希望在中国特色社会主义建设的新时代能够贡献五粮液力量。为确保编撰工作的顺利进行，2020年1月组建编撰机构，6月确定大纲、分配编写任务，12月初步完成资料收集，并于2022年4月形成初稿，其后不断完善和修订，2022年9月《探秘五粮液》总撰完稿，全书共9篇，49章，142节，近20万字，结合五粮液发展脉络撰写而成，以科普的形式全面系统介绍五粮液的传承和变革，展现传统工艺与现代科学技术的有机融合，着重从酿造技艺、品质管理、科研创新等维度，深入浅出对五粮液进行了介绍，尽可能以通俗易懂的语言，向广大消费者普及中国白酒传统名酒知识，传播五粮液"和美"价值理念以及发扬中华传统文化的决心与坚持。

五粮液集团有限公司曾从钦董事长指出：当前，正处于新一轮高质量发展的重要窗口期和战略机遇期，传承发展、与时俱进、自我革命是五粮液发展的内驱，集团将立足新发展阶段，贯彻新发展理念，融入新发展格局，以"为消费者创造美好，为员工创造幸福，为投资者创造良好回报"为使命，积极弘扬"和美五粮"主张，坚持"聚焦主业、做强主业"，重塑"中国酒王"形象，全力打造"生态、品质、文化、数字、阳光"五位一体持续稳健高质量发展的五粮液。

由于学识和水平的局限，书中疏漏和不当之处在所难免，敬请各位读者批评指正。

赵东

2022年9月

目录

绪论

（一）浓香白酒简介

　　白酒是世界六大蒸馏酒之一，是中国独有的。纵观古今中外，酒是民族文化和精神气质的形象载体，一个国家和民族，可通过"酒"这种通用语言来展示和传递文化涵养、精神风貌以及世界观、价值观。中国白酒以粮食为基，自然接种环境微生物，是中华民族"兼容并蓄""开放包容"文化的物质表现形式，更赋予酒体因地制宜、因企制宜的璀璨香型。根据酿造所采用的原材料和酿造工艺的不同，不同的白酒所表现出来的色泽、香气和口感都各有千秋。白酒按照主体风味特征共分为12种香型，分别为浓香型、清香型、酱香型、米香型、凤香型、兼香型、董香型、豉香型、特香型、老白干香型、芝麻香型、馥郁香型。其中，以浓、清、米、酱为四大基本香型，由其衍生出另外8种香型（如图1-1所示）。随着科技和行业发展，以团标和地标为特点的香型正呈百花齐放的姿态，如花香型、龙香型、匀香型等。在众多星光灿烂的中国美酒之中，浓香型白酒作为白酒主流，深受大众青睐，符合大众审美观和口味。

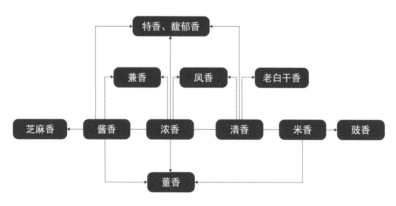

图1-1　中国白酒香型衍生图

1. 产区分布最广

纵览全国，从白酒的香型地域布局上可以看出，浓香型白酒作为我国第一大香型，在全国的分布最为广泛，北至黑龙江、内蒙古，西至新疆、西藏，东抵江苏，南抵湖南、江西，均有浓香型白酒的分布，共占据全国20个省（自治区、直辖市）。2017年中国酒业协会评选出的"世界十大烈酒产区"中，中国占了六席，其中浓香型白酒主产区独占4席，分别为宜宾（图1-2所示）、泸州、亳州和宿迁。清香型主要分布于北京市、青海省、山西省、重庆市、云南省、福建省和台湾省。酱香型主要分布在贵州省。米香型则是广西壮族自治区的特色酒香型。由此可见，浓香型白酒在全国范围内分布最广。

图1-2　世界十大烈酒产区——宜宾产区

宜宾古称僰道、戎州、叙州，到北宋时更名宜宾，素有"西南半壁古戎州"的美誉。在地理位置上，四川宜宾、泸州与贵州仁怀三地之间的直线距离都在200 km左右，处于云贵高原与四川盆地南部交界区域，地区海拔、气候等相近。在清朝雍正六年（1728年）前，贵州仁怀隶属于四川；在1983年以前，泸州市也属宜宾地区管辖。在政治、经济、文化、民俗方面，宜宾、泸州和仁怀三地间有着广泛的历史渊源，酒文化环境也十分相近，造就了地球同纬度上最适合酿造优质纯正蒸馏酒的生态区。

2. 名优酒占比最高

在国家历届名优酒评酒会中，浓香型白酒占据主要酒种。以历届评选出最多名优酒的第五届评酒会为例，选出的17种白酒名酒中，浓香型白酒占据10席，远超其他香型白酒之和，是消费者接受度最高、最适合中国人饮用习惯的白酒香型。四川有五粮液、泸州老窖、剑南春、沱牌等数朵金花，江苏有洋河、今世缘等，安徽有古井贡等，河南有杜康、宋河等。当地文化滋润了他们的生长，成为各自地域文化不可或缺的一个重要部分。

3. 市场份额占比最大

20世纪90年代开始，以五粮液为代表的浓香型酒企通过不断的技术创新和市场耕耘，到2000年前后，浓香型白酒的销售量已经占到行业总量的70%以上，年产量近450万吨。从白酒整体的体量来看，2020年，浓香型白酒仍是我国占比最大的香型酒类，占白酒总销售额约51%；酱香型白酒销售额占比27%，清香型与兼香型销售额占比分别为15%与5%，其他香型占比2%。无论从规模以上企业数量、销售额、上市公司数量还是产区规模维度，浓香型白酒都较其他香型更具市场优势。在品类竞争白热化的当下，浓香型白酒市场格局成熟稳定，消费主流地位不可替代，反映出浓香型白酒仍是目前白酒市场的主流热门香型酒。其中最具代表性的川派浓香型白酒产销量占据中国白酒的半壁江山，并远销海外，驰名世界。《消费评论》联合全国三十一家都市报所做的香型消费调查结果显示：全国有70%以上的消费者选择浓香型白酒，深受大众消费者青睐。

浓香型白酒产区地域广、差异大，按照风味特点可分为浓郁型浓香、醇甜型浓香、淡雅型浓香三个流派，浓香流派多样性符合我国消费者多年龄跨度的消费取向。随着销售渠道多样化，许多消费者转而通过线上渠道购买。根据阿里发布的2020年单月渠道数据，五粮液的销售额同比增长了93.2%。浓香型白酒作为中国白酒主力军，拥有庞大的消费基础和浓厚的历史底蕴，六零到八零后消费者占到了71.9%。

随着经济发展和人们消费模式的升级，浓香型白酒企业深入推进以酒体创新和工艺创新为核心的供给侧结构性改革，深入研究消费群体、消费场景、消费方式等需求变化，不断满足个性化、时尚化、年轻化的新需求，着力构建高端化新动能，持续提升品牌价值，不断推动浓香型白酒的高质量发展。

（二）五粮液公司介绍

五粮液作为中国浓香型白酒的代表，产自四川宜宾。宜宾依山傍水，风景秀丽，物产丰富。五粮液凭借独特饱满的口味及"以和为美"的文化底蕴，长期以来备受白酒消费者的喜爱，在全国乃至世界享有盛名。

1. 公司简介

　　五粮液集团有限公司是"五粮液"品牌的拥有者，集团的前身是 20 世纪 50 年代初 8 家古传酿酒作坊联合组建而成的"宜宾市大曲酒酿造工业联营社"，1959 年正式命名为"四川省地方国营宜宾五粮液酒厂"，1998 年改制为"四川省宜宾五粮液集团有限公司"，最大股东是宜宾市国资委。公司始终坚持"以质量求生存，以品质谋发展"的理念，视诚信和产品质量为企业生命，不断强化产品质量监督管理，产品得到了市场及消费者的广泛认可。2022 年，五粮液获中国 500 最具价值品牌第 16 名，品牌价值评估为 3646.19 亿元人民币。同时，五粮液集团一直坚持"发展才是硬道理"的发展路线；努力开拓创新，坚持"酒业为主、多元发展"战略，不仅在酿酒主业上发展迅猛，在其他行业也取得了显著的成果，集团旗下业务众多。图 1-3 显示了五粮液集团有限公司的业务分布。

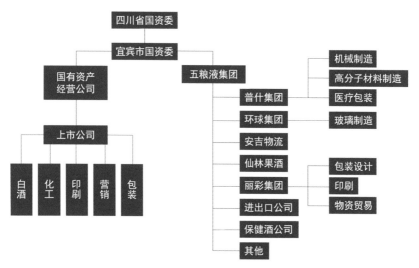

图 1-3　五粮液集团有限公司的业务分布

2. 产品介绍

五粮液集团有限公司生产经营的产品主要是五粮液系列酒，满足不同层次、不同口味的白酒消费者。产品按种类主要分为白酒、保健酒、果酒等。其中，"明星产品"五粮液是大曲浓香型白酒，用高粱、大米、糯米、小麦、玉米5种粮食发酵酿制而成，在中国浓香型白酒中独树一帜，"香气悠久、味醇厚、入口甘美、入喉净爽、各味谐调、恰到好处，尤以酒味全面而著称"。

五粮液集团致力于在全球范围内打造品类齐全的酒类品牌组合，产品覆盖39%vol、45%vol、52%vol、56%vol、60%vol、68%vol、72%vol等各酒度，形成满足不同层次消费者需求的全产品供应链体系：一是五粮液主品牌系列，包括以第八代五粮液为代表的代际系列，以501五粮液为代表的古窖系列，以经典五粮液为代表的年份系列，以及文化定制系列；二是以五粮春、五粮醇、五粮特曲、尖庄为重点的浓香系列酒品牌；三是以仙林、上选、舒醺、小酌时光为重点的果露酒品牌。

3. 发展战略

品牌的声誉决定了公司的未来，产品的质量决定了品牌的声誉。五粮液集团自20世纪80年代起实施产品质量管理，90年代引入全面质量管理，2000年推行卓越绩效模式，在行业内率先引入先进的质量管理工具、方法以及优秀实践。以质量管控为基础，质量理念为指引，质量标杆为导向，实现了"质量效益型→质量规模效益型→品牌价值效益型"三大步跨越式发展，被誉为"中国酒业大王"。五粮液集团始终坚持质量先导基础上的产能优扩，聚焦高端和中端白酒的产能。

首先是质量先导，五粮液集团首创"分级甄选、优中选优"，细分基酒等级，确保口感和品质，最上乘的基酒才能生产五粮液。目前，五粮液集团所有白酒产品均在宜宾十里酒城自行生产。

其次是产能优扩，五粮液生产基地拥有全球白酒行业最大的窖池群，最严苛的新窖池养护、老熟和试产标准，目前拥有3万余口窖池，基酒储存能力40万吨。

2017年起，五粮液集团吹响"二次创业"新号角，通过战略创新、品牌创新、营销创新、科技创新等系列举措，聚焦白酒主业，打造"大国浓香"品牌，重塑"中国酒王"形象。2019年，五粮液集团提前完成"十三五"目标，集团营收突破千亿台阶，成为四川省第四个营收千亿级的企业。五粮液集团将在"十四五"期间，围绕"生态、品质、文化、数字、阳光"五位一体的发展路径，擦亮"大国浓香、和美五粮、中国酒王"的金字招牌，全力加快建设产品卓越、品牌卓著、创新领先、治理现代的世界一流酒企。

图1-4　五粮液标志

4. 企业文化

如图 1-4 所示，五粮液标志沿用产品主色调红色，代表吉祥和红红火火的发展态势；大圆象征地球，寓意五粮液誉满全球、产品遍布全球；中心"W"由两个"V"组成，象征五粮液人同心同德，从胜利走向胜利 (Victory to Victory)；五条升起并汇聚的线条，代表五种粮食升华成为五粮玉液，更寓意五粮液蒸蒸日上。其独特的五粮融合，"和美生活"文化集中体现了"天人合一"的哲学思想和五行哲学的辩证思维，是公司长期发展、积累的结晶，集中展现了五粮液人创新求进、永争第一的发展追求。

（1）公司企业文化的形成和发展

① 自发阶段（20 世纪 80 年代中期以前）

明代以来，宜宾杂粮酒从业人员在创业历程中不断传承和积淀酿造文化。1909 年"杂粮酒"更名"五粮液"后，历代五粮液人在长期生产实践中，继承和发扬祖辈优良传统，探索和改进五粮配方、酿造技艺及酿造规律，养成了吃苦耐劳、勇于探索的积极精神，创造出五粮液品牌。

② 启蒙阶段（20 世纪 80 年代中期）

从思想解放、观念更新入手，着力推进五粮液企业文化建设。提出，既要坚持传统，又必须用现代科学技术手段改造、提升传统酒业，坚持"质量是生命、创新是灵魂、管理是根本、效益是核心"的方针，推行全面质量管理，走质量效益型发展道路，带领员工解放思想，发扬"开拓进取、敢于创新"的精神，厂区环境明显改善，质量、产能明显提升。

③ 成熟阶段（20世纪80年代末—1998年）

以"酒业做强做大、成为行业龙头"为公司发展目标，对全体员工实施目标激励。以弘扬艰苦奋斗精神、大力推进科技进步等措施保证公司第一次创业顺利实施。在全体员工中倡导"创新、开拓、竞争、拼搏、奋进"的企业精神，形成了具有五粮液特色的企业文化体系。

④ 巩固阶段（1998年—2017年）

以"创新求进，永争第一"为企业精神，提升企业文化理念体系；将"弘扬历史传承的精髓，用我们的智慧、勇气和勤劳来造福社会"作为企业使命；以"科学发展，构建和谐，员工富、企业强、社会贡献大的世界名牌公司"作为公司愿景；以"为消费者而生而长"为企业核心价值观；将"老老实实、一丝不苟、吃苦耐劳、艰苦奋斗、坚韧不拔、持之以恒"作为企业作风。

⑤ 升华阶段（2017年—2021年）

面对新时代、新要求，重新梳理了适合当前发展需要的企业文化理念，对公司使命、愿景、核心价值观、企业精神核心理念进行了调整。使命调整为"弘扬历史传承，共酿和美生活"，愿景调整为"致力于基业长青的美好愿望，努力打造健康、创新、领先的世界知名企业，实现高质量、可持续的快速发展"，核心价值观调整为"诚信为先，品质为纲，匠心智造，传承创新"，企业精神调整为"坚守初心，求真务实，创新求进，永争第一"。增加核心价值理念"为员工创造幸福，为消费者创造美好，为投资者创造良好回报"。

⑥ 深化阶段（2022年开始）

当前，正处于新一轮高质量发展的重要窗口期和战略机遇期，作为"和"文化的集大成者，积极弘扬"和美五粮"主张，践行"和美种植""和美酿造""和美勾调""和美营销""和美文化"之美。坚持聚焦主业，做强主业，重塑"中国酒王"形象，全力打造"生态、品质、文化、数字、阳光"五位一体持续稳健高质量发展的五粮液。

（2）企业文化核心理念的内容及诠释

传承发展、与时俱进、自我革命是五粮液发展的内驱，现阶段公司立足新发展阶段，贯彻新发展理念，融入新发展格局，以"为消费者创造美好，为员工创造幸福，为投资者创造良好回报"为使命，以"致力于基业长青的美好愿望，努力打造产品卓越、品牌卓著、创新领先、治理现代的世界一流企业"为愿景，以"忠诚、干净、担当、感恩、知足、奋斗"为核心价值观，以"大国浓香、和美五粮、中国酒王"为品牌理念，以"弘扬历史传承，共酿和美生活"为文化方针，激发全体员工的使命感、归属感、责任感和荣誉感。

① 企业使命

五粮液企业使命是五粮液存在的根本目的和理由。

为消费者创造美好：企业持续跟踪和把握好消费者与客户的需求，从提供美酒向提供服务和体验延伸，不断助益人民日益增长的对美好生活的向往；以客户为中心，注重提升产品质量和服务水平，延伸产业链服务，使产品与服务成为客户的优质资源，为客户创造价值。

为员工创造幸福：企业为员工搭建广阔的事业与职业舞台，加强员工培训，完善激励机制，助力员工实现人生价值；要尊重、关心、爱护员工，切实解决好重大民生工程和关系员工切身利益的急、难、愁、盼问题，提升员工获得感与幸福感。

为投资者创造良好回报：企业维护股东和投资者利益，在激烈的市场竞争中优化产品结构，提高销售规模与市场占有率，实现高质量发展，推动企业稳健、持续增长，增强为投资者创造长期良好回报的能力。

② 企业愿景

"致力于基业长青的美好愿望，努力打造产品卓越、品牌卓著、创新领先、治理现代的世界一流企业"。围绕"生态、品质、文化、数字、阳光"五位一体的发展路径，坚定不移"做强主业、做优多元、做大平台"，进一步倡导和践行"和美种植、和美酿造、和美勾调、和美营销、和美文化"，弘扬"和美五粮"主张，加快实施高质量倍增工程，争创世界500强，加快建设产品卓越、品牌卓著、创新引领、治理现代的世界一流酒企。

③ 文化方针

五粮液践行"弘扬历史传承，共酿和美生活"的文化方针，就是要继承和发扬优良传统，坚守五粮液传统酿造工艺和精益求精的匠心，为社会担当国企责任，为人民美好生活奉献美酒。作为中国白酒行业的领军企业，引领行业健康可持续发展，服务国家与地区发展，履行国企责任；成为企业公民，遵守法律法规，注重环境保护，节约资源，热心参与公益事业，促进社会的可持续发展。

④ 企业精神

"坚守初心，求真务实，创新求进，永争第一"。坚守品质至上的初心、求真务实的匠心和品牌典范的信心，开拓、创新、拼搏、奋进，持续追求事业健康发展，持续追求绩效卓越，持续追求经济效益、社会效益、环境效益的最大化。

⑤ 核心价值观

"忠诚、干净、担当，感恩、知足、奋斗"。讲担当、真担当，讲奉献、真奉献，不断提升抓发展、促落实的判断力、领悟力、执行力，不惧风险挑战、不怕千难万险，一件事情接着一件事情地办好、办扎实、办出彩。讲廉洁、真廉洁，讲规矩、真规矩，知足、知止、知敬畏，内无妄想、外无妄动，营造干事创业的良好环境、风清气正的政治生态。

⑥ 品牌理念

"大国浓香、和美五粮、中国酒王"。厚植品牌文化底蕴，深挖品牌文化内涵，以内在品质、内在品牌、内在品行引导外部评价、外部需求、外部趋势，不断擦亮"大国浓香、和美五粮、中国酒王"金字招牌，开创新一轮更高质量发展。

5. 领导风采

（1）组织框架

如图1-5所示，五粮液集团已形成由董事会、经理层、监事会为顶层框架，纪委全程监督，由质量、技术、安全、环保等多部门联动的现代企业制度。同时，集团围绕酒主体产业衍生出配套服务公司、投资公司和商业银行的大产业循环，着力于通过酒带动全产业链的升级和转型，不断满足和服务人民日益丰富的物质和文化需要。

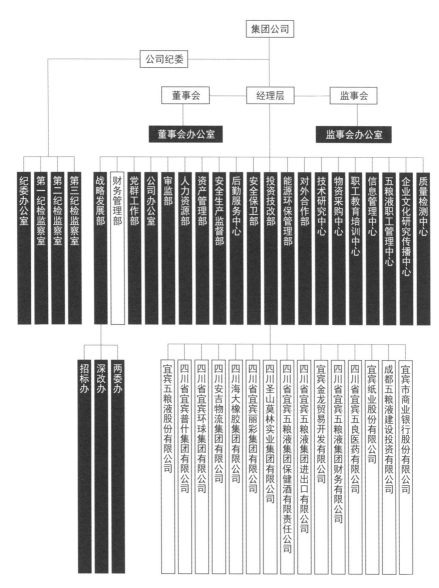

注：共有下属机构26个，■■■为集团公司与股份公司重合的25个下属机构

图1-5　五粮液集团组织框架

（2）领导介绍

曾从钦

男，汉族，1968年6月生，四川宜宾人，中共党员，博士研究生学历。1988年7月参加工作，曾在宜宾市长宁县、市级机关、翠屏区、临港经济开发区工作并任职。2019年7月至2020年7月，任五粮液集团公司党委副书记、总经理、董事，五粮液股份公司党委副书记、董事长；2020年7月至2022年1月，任五粮液集团公司党委副书记、副董事长、总经理，五粮液股份公司党委副书记、董事长；2022年1月至今，任五粮液集团公司党委书记、董事长，五粮液股份公司党委书记、董事长。2020年7月，被评为2020年度中国西部企业信息化建设突出贡献人物。2021年8月，被评为2020年度宜宾市卓越企业家。

邹　涛

男，汉族，1978年4月生，四川富顺人，中共党员，硕士研究生学历。2004年7月参加工作，曾在四川省公安厅、四川省纪委、省监察厅工作并任职。2017年1月至2018年6月，任五粮液集团公司党委副书记；2018年6月至2021年7月，任五粮液集团公司党委委员、副董事长，五粮液股份公司党委委员、常务副总经理、董事；2021年7月至2022年1月，任五粮液集团公司党委委员、副董事长，五粮液股份公司党委委员、副董事长、总经理；2022年1月至今，任五粮液集团公司党委副书记、副董事长、总经理。

蒋文格

男，汉族，1966年5月生，四川蓬安人，中共党员，硕士研究生学历。1985年8月参加工作，曾在南充市蓬安县、顺庆区、四川省发展和改革委员会、四川省以工代赈办公室工作并任职。2018年12月至2022年1月，任五粮液集团公司党委委员、副总经理、董事，五粮液股份公司党委委员、董事；2022年1月至今，任五粮液股份公司党委副书记、副董事长、总经理。

张 宇

男，汉族，1974年8月生，河南安阳人，中共党员，博士研究生学历。1997年7月参加工作，曾在成都市教育委员会、成都市教育局、青羊区政府、新都区委工作并任职。2020年4月至2020年12月，任五粮液集团公司党委副书记；2020年12月至2021年12月，任五粮液股份公司党委副书记；2021年12月至今，任五粮液股份公司党委委员、副董事长。

肖　浩

男，汉族，1976年10月出生，四川宜宾人，硕士研究生学历。1998年7月参加工作，曾在宜宾县喜捷镇、县委组织部、宜宾市委组织部、市委办工作并任职。2020年12月至2021年12月，任五粮液集团公司党委副书记；2021年12月至2022年2月，任五粮液股份公司党委副书记；2022年2月至今，任五粮液集团公司党委副书记、董事，五粮液股份公司党委副书记、董事。

胡宇芸

女，汉族，1970年7月出生，四川屏山人，中共党员，大学本科学历。1991年7月参加工作，曾在屏山县委党校、屏山县原清凉乡、屏山县委宣传部、屏山县纪委、屏山县监察局、宜宾市纪委工作并任职。2020年12月至2021年7月，任五粮液集团公司党委委员、纪委书记；2021年7月至2022年2月，任五粮液集团公司党委委员、纪委书记，五粮液股份公司党委委员、纪委书记；2022年2月至今，任市纪委监委驻五粮液集团公司纪检监察组组长，五粮液集团公司党委委员、纪委书记，五粮液股份公司党委委员、纪委书记。

罗 伟

男，汉族，1964年11月生，四川长宁人，中共党员，硕士研究生学历。1986年7月参加工作，曾在长宁县、原宜宾地区财政局、宜宾地区(市)国资局、宜宾市财政局、宜宾市审计局、宜宾市投资集团有限责任公司、宜宾机场有限责任公司工作并任职。2014年2月至今，任五粮液股份公司党委委员、副总经理、财务总监。

杨韵霞

女，1971年4月生，汉族，中共党员，大学本科学历，高级政工师。1991年7月参加工作，曾在五粮液酒厂508车间、513车间，五粮液集团公司原审计监督法律事务部、党委组织部工作，先后在506车间、党委工作部、党群工作部任职。2018年6月至2020年12月，任五粮液股份公司党委委员、工会主席；2020年12月至2022年5月，任五粮液集团公司党委委员、监事会主席；2022年5月至今，任五粮液股份公司党委委员、总工程师。

蒋 琳

女，汉族，1979年4月生，四川武胜人，中共党员，博士研究生学历。2004年7月参加工作，曾在重庆市政府研究室、成都市委政研室、成都市金融工作办公室、天府国际基金小镇、万创投资控股成都有限公司工作并任职。2019年1月至2020年8月，任五粮液集团公司党委委员、副总经理、董事；2020年8月至2022年2月任五粮液集团公司党委委员、副总经理、董事，五粮液股份公司董事；2022年2月至2022年3月，任五粮液股份公司党委委员、董事、副总经理；2022年3月至今，任五粮液股份公司党委委员、董事、董事会秘书、副总经理。

蒋文春

男，汉族，1970年1月生，四川新津人，中共党员，硕士研究生学历，高级经济师。1988年7月参加工作，曾在四川师范大学、四川省经贸委、四川省经济委员会、四川省经济和信息化委员会、成都兴能新材料股份有限公司工作并任职。2020年4月至2020年12月，任五粮液集团公司监事会主席；2020年12月至2021年12月，任五粮液股份公司监事会主席；2021年12月至今，任五粮液集团公司副总经理。

蒋 佳

男，汉族，1974年4月生，重庆人，中共党员，大学本科学历，正高级经济师。1997年7月参加工作，曾在宜宾五粮液供销公司、五粮液集团公司经营计划发展部、五粮液集团公司战略发展部、五粮液保健酒公司工作并任职。2020年4月至2022年2月，任五粮液集团公司党委委员、总经济师；2022年2月至今，任五粮液集团公司党委委员、总经济师，五粮液股份公司党委委员、总经济师。

陈 洪

男，汉族，1971年10月生，四川宜宾人，中共党员，大学本科学历。1993年8月参加工作，曾在宜宾天原股份有限公司、宜宾天原天亿特种树脂有限公司、天原集团工作并任职。2020年12月至2022年2月，任五粮液集团公司党委委员；2022年2月至今，任五粮液集团公司党委委员、副总经理。

郭叙雷

男，汉族，1975年7月生，四川宜宾人，中共党员，研究生学历，高级政工师。1996年10月参加工作，曾在宜宾市公安局翠屏区分局、宜宾市纪委监察局、宜宾市纪委、宜宾市监察委工作并任职，2016年7月至2018年9月挂任甘孜州新龙县副县长。2021年7月至2022年2月，任五粮液集团公司党委委员、工会主席；2022年2月至2022年5月，任五粮液集团公司党委委员、工会主席，五粮液股份公司党委委员、工会主席；2022年5月至今，任五粮液集团公司党委委员、工会主席、监事会主席，五粮液股份公司党委委员、工会主席。

谢治平

男，汉族，1968年9月生，四川宜宾人，中共党员，硕士研究生学历。1991年8月参加工作，曾在宜宾地区财政局、宜宾市财政局、宜宾市统计局工作并任职。2022年1月至2022年2月，任五粮液集团公司党委委员、总会计师；2022年2月至今，任五粮液集团公司党委委员、财务总监。

刘 明

男，汉族，1970年5月生，四川宜宾人，中共党员，大学本科学历，酿酒高级工程师。1986年12月参加工作，曾在五粮液酒厂一车间、红庙子车间、七车间、509车间、507车间、513车间、523车间，五粮液散酒品牌事务部、对外协作管理部，宜宾长江源酒业有限责任公司，五粮液股份公司生产管理部工作并任职。2021年7月至2022年2月，任五粮液股份公司总工程师；2022年2月至今，任五粮液股份公司党委委员、监事会主席。

岳 松

男，汉族，1972年10月生，四川江安人，中共党员，大学本科学历，高级酿酒技师。1990年12月在海军38012部队服役，1995年12月进入五粮液酒厂工作，曾在五粮液酒厂507车间、505车间、523车间，五粮液集团公司党委宣传部、公共关系部、办公室、董事会办公室，四川五粮液文化旅游开发有限公司，宜宾长江源酒业有限责任公司工作并任职。2021年7月至2022年2月，任五粮液集团公司总工程师；2022年2月至今，任五粮液股份公司副总经理。

刘 洋

男，汉族，1978年5月生，四川仁寿人，中共党员，大学本科学历。2001年7月参加工作，曾在眉山市仁寿县、眉山市委农工办、眉山市委农工委、眉山市政府驻北京经济合作局、宜宾市政府驻北京联络处、宜宾市投促外侨局北京分局、宜宾市经济合作和外事局北京分局工作并任职。2021年12月至今，任五粮液股份公司副总经理。

李 健

男，汉族，1974年9月生，四川江安人，中共党员，博士研究生学历。1995年10月参加工作，曾在长宁县住房和城乡规划建设局、宜宾市教育局、宜宾市教育和体育局、四川蜀南文化旅游健康产业投资集团公司工作并任职。2021年12月至今，任五粮液股份公司副总经理。

赵　东

男，汉族，1964年2月生，山西洪洞人，中共党员，大学本科学历，教授级高级工程师，中国酿酒大师。1986年8月参加工作，曾在四川省轻工业学校，五粮液酒厂607车间，五粮液集团公司技术中心、技术研究中心工作并任职。2017年7月至2018年6月，任五粮液股份公司党委委员、副总工程师；2018年6月至2022年2月，任五粮液股份公司党委委员、副总经理；2022年2月至2022年4月，任五粮液股份公司党委委员、总工程师；2022年4月至2022年5月，兼任四川省优质白酒科创有限公司董事长；2022年5月至今，任五粮液股份公司技术总顾问，兼任四川省优质白酒科创有限公司董事长。

品牌·文化篇

（一）五粮酒史：美酒历史变迁

自古好水出好酒，五粮液酿造工艺是在宜宾产生、发展并传承下来的。以杂粮酿造为特色的五粮液，其前身可追溯到宋代的"姚子雪曲"。宜宾地处最适宜酿酒的北纬30度附近，气候温和，微生物资源纷繁复杂，发酵食品的天然条件使其名酒迭出，是中国酒文化发祥地之一。

1. 宜宾美酒

宜宾，古称僰（bó）道、戎州、叙州，中国酒都。华夏多美酒，精华在宜宾。宜宾自古以来就是汉、苗、彝、回等多民族聚居地，其酿酒文化是各族人民多年酿酒智慧的结晶。宜宾与酿酒相关的历史可以追溯至距今4000多年的新石器时代，用发酵的谷物制酒是当时酿酒的主要形式。秦汉时期僰道有了窨（yìn）酒（在地窖里藏过的酒）。唐宋时期戎州出现了"重碧酒""荔枝绿""姚子雪曲"这样的佳酿。特别是宋元之际，叙州城出现了蒸馏白酒，这种蒸馏技术通过元代的浓香型地穴窖池衍生出明代以多种粮食混合酿造的杂粮酒。宜宾民间习惯说的杂粮，通常是指稻、麦以外的粮食作物，主要有高粱、荞麦、苞谷、绿豆、胡豆、豌豆等。多种粮食混合酿酒，可发挥不同粮食特有的作用，产生不同的滋味。

2. 五粮玉液

明代初年，当时宜宾城最有名气的酿酒糟坊是城北顺河街的"温德丰"和城东鼓楼街的"长发升"（图2-1）两家糟坊。大约在元明时期，"温德丰"老板陈氏在宜宾开设糟坊，在继承原有酿造秘方基础上，提炼出"荞子成半黍半成，大米糯米各两成，川南红粮凑足数，地窖发酵天锅蒸"的"陈氏秘方"。为了防止秘方泄露，创立"陈氏秘方"伊始，就立下规矩：配方传男不传女，只在族内传承。秘方传到陈三时，因后继无人，将秘方传给爱徒赵铭盛，"陈氏秘方"自此传到外姓手中。

赵铭盛承袭陈氏嫡传后，更加精心酿制杂粮酒。赵铭盛病重去世后孝徒邓子均继承了"陈氏秘方"，成了杂粮酒的第二代外姓传人，其后将"温德丰"更名为"利川永"糟坊（图2-2）。民国初年，邓子均继承"陈氏秘方"后，又多次对配方进行了调整。

图2-1 "长发升"糟坊

图2-2 "利川永"糟坊

1909年，宜宾的风云人物雷东垣任宜宾县团练局长。邓子均为扩大销路，即携酒数瓶前往雷宅。适逢雷东垣正在饮宴宾客，邓子均将来意说明之后，雷东垣招座开瓶细品，浓香四溢，一致认为色香味均佳，赞美不已。在座晚清举人杨惠泉饮后评价："如此佳酿，名为'杂粮酒'，似嫌凡俗，姚子雪曲虽雅，不能尽其神韵。此酒乃合五粮之精，和五行之气，堪比蒟（jǔ）酱、更胜荔枝烧春，何不更名为'五粮液'"。同座之人咸以此名风雅独特，既表达酒质之好，如琼浆玉液，而又把五粮突出，使人闻其名如领其味。老板邓子均当即宣布"杂粮酒"更名为"五粮液"。五粮液至此正式得名，并由此开启了中国白酒品牌的新纪元。

1915年，五粮液参加巴拿马万国博览会获金奖。1932年，五粮液第一代印制商标正式启用。但由于当时产量较低，市面上五粮液大多为殷实商户或官绅独享，广大群众只闻其名，而不知其味。

1960年后，五粮液对"陈氏秘方"进行了革新，用小麦替代了荞麦，解决了酒中微带苦味的问题，又将五种粮食的配比作了精细的调整，形成了高粱36%、大米22%、糯米18%、小麦16%、玉米8%的配方。五粮液传统酿造技艺是一个极为特殊而复杂的过程，主要包括：由高粱、大米、糯米、小麦、玉米五种粮食合理配比的"陈氏秘方"，包包曲制曲工艺，跑窖循环、续糟配料，分层起糟、分层入窖，分甑分级量质摘酒、按质并坛等酿酒工艺，基酒陈酿工艺，勾调工艺以及相关的特殊技艺等。"五粮液传统酿酒技艺"凝聚着众多民间传统工艺的精华，是千百年来历代酿酒人智慧的结晶。

（二）企业发展：公司日新月异

1. 公司起源

五粮液虽在1909年即已正式命名问世，但在1949年前发展缓慢。究其原因一是技术垄断；二是社会消费水平有限。新中国成立前夕，旧中国整个经济崩溃，宜宾酿酒业也未能幸免。

2. 重振复兴

新中国成立后，人民政府十分重视宜宾酒文化民族遗产"五粮液"的恢复工作。1950年首先组织最有名望的两家酿酒糟坊"利川永""长发升"，联合"张万和""钟三和""全恒昌"等酿酒作坊，组建"宜宾市大曲酒酿造工业联营社"。古窖池数量及作坊分布情况如表2-1所示。

表2-1　五粮液古窖池数量及作坊分布情况

编号	作坊名称	地址	现在使用单位	古窖池数量/口
1	长发升	鼓楼街28号	501车间东风小组	28
2	利川永	长春街115号	501车间顺字小组	27
3	全恒昌	长春街115号	501车间和字小组	24
4	刘鼎兴	北正街	501车间北街小组	21
5	张万和	刘臣街211号	501车间爱民小组	20
6	钟三和	东浩街43号	501车间红卫小组	18
7	听月楼	大院里36号	501车间工大小组	18
8	天赐福	长春街115号	501车间梅园小组	23
合计				179

1952年，又在联营社的基础上，成立了"川南行政区专卖事业公司宜宾专区专卖事业处国营第二十四酒厂"，实现年产量36.8 t，其中五粮液为2.6 t。

1953年，"国营第二十四酒厂"更名为"四川省专卖公司国营宜宾酿酒厂"，初步形成了宜宾五粮液酒厂的最初格局，由过去的作坊生产发展到工业化生产，融会了各家糟坊的技术、特色。

1954年，受宜宾行署专员李鹏多次相邀，邓子均出任技术顾问，推动酒厂技术革新。

1955年，更名为"四川省地方国营宜宾酒厂"，中国食品公司开始组织出口五粮液酒。

1956年，在中国食品工业部组织召开的改进全国白酒品质会议上，五粮液名列第一。

1959年，"四川省专卖公司国营宜宾酿酒厂"由四川省正式命名为"四川省地方国营宜宾五粮液酒厂"。

1964年，正式更名为"四川省宜宾五粮液酒厂"。

商业部为扩大五粮液生产，选定金沙江南岸青草坝扩建厂房，于20世纪60年代末陆续建成投产。70年代末，又选定岷江北岸旧州坝进行规模宏大的第二期扩建工程。新建了酿酒、制曲、磨粉、包装和机动等新车间。1981年第一批新建窖池投产，当年产量即达3000 t。80年代中期，中央为了增加外贸出口和满足国内市场需要，决定扩大五粮液生产规模。由商业部投资2500万元，将年产酒量由3000 t提高到9000 t。1991年10月，酒厂对所属全部生产车间重新命名，所有车间编号均以"5"开头，尾号单数为酿酒生产车间，尾号双数为辅助生产车间。其中最古老最珍贵的179口元明古窖池，全部都集中在 501 车间（原城区生产车间）。从 20 世纪 60 年代起，经过五次大规模扩建，五粮液形成了现今全国最大产能规模的十里酒城。同时，为使生产进一步发展，把弘扬酒文化作为一种企业精神来抓，专门修建了"五粮液酒文化博览馆""奋进塔"与众多的园林景点，形成了具有浓郁的酒文化气氛和东方建筑特色的花园式工厂。伴随着十一届三中全会的步伐，五粮液踏上飞速发展之路，从小糟坊成长为"中国酒业大王"。

1998 年，"四川省宜宾五粮液集团有限公司"改制成立；同年，"宜宾五粮液股份有限公司"正式成立并在深交所挂牌上市，开启"一业为主，多元发展"的征程。至此，五粮液一跃成长为特大型国有企业，规模和效益多年稳居中国酒类企业榜首，创造了第一次创业的辉煌。

3. 改革创新

在经历十年发展黄金期后，受国内外宏观经济形势影响，白酒行业进入转型调整。2017 年，中国经济由高速增长阶段转入高质量发展阶段，白酒行业开始呈现量价齐升势头。五粮液在党的十九大精神引领下，开启了"二次创业"的新征程，按照高质量发展要求，确立了"做强主业、做优多元、做大平台"的发展战略，深入推进供给侧结构性改革，通过数字化转型项目推动营销体系创新，融入"一带一路"加快国际化发展，升级酿酒专用粮基地建设，推进"一、二、三"产业融合，不断满足消费者日益增长的美好生活需求，努力打造健康、创新、领先的世界一流企业，将中国精神、中国制造、中国味道带给世界，和谐共享。

"十三五"期间，五粮液积极构建和完善企业创新体系，努力激活创新发展的动力源。成立了四川省唯一以白酒命名的国家级检验中心——国家白酒产品质量检验检测中心（图2-3），构建起集检验检测、标准研究、产品开发、认证服务为一体的公共技术检测服务平台。五粮液院士工作站正式成立，在国家级企业技术中心、博士后工作站的基础上，又增加一个高端科研平台，形成了龙头企业完整的创新体系。

图 2-3　国家白酒产品质量检验检测中心

公司践行国家关于发展数字经济的战略要求，积极推动企业数字化转型。基于公司转型发展、创新发展、跨越发展要求，制定"1365"数字化转型战略（1个目标，围绕品质与体验；3个转型，实现业务、管理、能力转型；6项能力，构建模式创新、市场激活、精准行动、敏捷运营、组织进化、生态系统的能力；5项落地工程）。

实施大营销工程，推进营销数字化中台、智慧门店、终端门户、营销人员门户、品牌管理优化项目的建设，配合公司营销模式升级，实现渠道合作的有效协同、优化渠道结构、拉动市场销售、改善渠道利润、净化渠道秩序，推动商家共同完成数字化转型，并与终端及消费者建立了有效的双向连接；以中国酒业大数据中心为基础，启动智慧领先工程，利用数字化市场分析、数字化战略分析与数字化运营监控分析，进一步提升五粮液各层级数据分析、科学决策水平。2019年，大营销平台助力公司营销体系荣获由《哈佛商业评论》、清华大学全球产业研究院、全球知名的企业应用软件服务商SAP三大权威共同推出的"'鼎革奖'数字化转型先锋榜'体验营销典范'"。

同时，大力推动运营卓越工程（围绕研发与供应链，以产品质量全生命周期溯源为目标，打造全过程精细化管理，构筑整合的运营支撑平台）、管理基石工程（围绕优化流程、管理创新）、科技强本工程（信息数字创新项目），将物联网、大数据、云计算等新一代产业技术，创新服务于公司生产、管理、服务等制造活动。

（三）品牌演进：与时俱进革新

企业的兴衰、品牌的涤荡是时代变革的活化石。五粮液快速发展正是中华人民共和国大国崛起的时代孕育，当谷物不仅用来糊口、美酒不仅用来祭祀、时间不仅用来生存，与时俱进、推陈出新的企业才能与大时代同频共振，而五粮液正是在此过程以设计、工艺和产品的革新保障了品质的提升。

1. 商标瓶型诞生

1909年，五粮液当时的包装还只是一种极为普通的土陶罐。1932年，邓子均为了成批生产五粮液，扩大影响，打开销路，正式申请注册商标，制成了第一代"五粮液"商标，商标上画有五种粮食的图案，标名"四川省叙州府北门外顺河街陡坎子利川永大曲作坊附设五粮液制造部"等字，下面标有相应英文；商标呈长方形，用60克白报纸彩印。

为更好体现消费者喜好，邓子均采用了两种包装，一种是本地象鼻场过桥陶窑所烧制的直筒形土陶瓶，一种是日本进口的Asahi啤酒瓶（均为1市斤❶装），成为当时时尚消费品的典型代表之一。包装齐备之后，邓子均利用水运之便，以船载酒，上溯岷江，销犍为、乐山、夹江、洪雅等地，下流长江，销重庆、涪陵、武汉、南京、上海等地，使五粮液在省内外崭露头角。

---

❶　1市斤 =500 g。

2. 设计元素革新

新中国成立后，随着社会发展与企业变革，20世纪50年代先后出现"白标黄纹""红标绿纹""白底红字"酒标。1959年，"交杯牌"五粮液诞生，此后，五粮液酒厂使用"交杯牌"至1986年。

20世纪60年代中后期，"交杯牌"五粮液瓶型变成"老款直筒鼓形瓶"，颈标贴有"中国名酒"字样。同时传统的"玻璃瓶手榴弹"瓶型也陆续使用至1972年。

1969年底，"红旗牌"五粮液商标诞生。相比之前，"红旗牌"五粮液颈标有"为人民服务""中国名酒"两种。正标麦穗后的金色光芒射线设计被纯红色取代，并且在商标的左右，增加"中国名酒"字样。这一年，瓶盖由木塞更换为塑料盖，成为五粮液酒品包装变换中重要环节。

1972年，"长江大桥牌"商标正式启用。同年，"弧形鼓形瓶"正式替代"老款直筒鼓形瓶"，所使用的封口膜分为淡黄（白）色和淡红色。

1980年是五粮液"长江大桥牌"商标和"交杯牌"商标混用的一个年份。同时五粮液重启"交杯牌"，采用圆润的鼓形瓶，其瓶底有独特的十字架符号凸纹，此后"交杯牌"五粮液开始独领风骚。

1982年首创麦穗瓶，为适应新的瓶体，五粮液酒标设计改为竖形。

1986年，"金奖"五粮液酒标诞生。在原五粮液酒标传统放置"红旗、交杯、长江大桥"商标的位置，改为放置全国评酒会金质奖牌，并沿用至今。1986年8月后统一使用"五粮液牌"，以醒目的"五粮液"三个草体字作特殊标志，商标图案底部以黄色套谷穗衬映，谷穗的颗粒为突出的凸形，谷穗以上全部套红。

1987年至1989年是五粮液烫金标使用的时期段，酒标中优质奖章图形两旁开始印有白色"中国名酒"字样。1988年，"金奖"五粮液出现对称标酒标品种，因酒标中金色麦穗对称的感官设计而得名，且"WULIANGYE"字体被放大了数倍。

20世纪90年代初期，晶质刻花瓶五粮液诞生。1998年，升级为晶质多棱瓶（俗称"天地盖"），正标生产单位改为"宜宾五粮液股份有限公司"，可称之为五粮液发展史上的里程碑。

2003年，五粮液公司推出"第七代五粮液"，即市场上统称的"水晶五粮液"，简称"普五"。

2017年底，"普五"瓶身发生了重要变化：其一，"优质奖章"图标改为"五种粮食"图标，象征着五粮液的五粮风味；其二，"中国名酒"四字，改为"中国宜宾"，更加突出产品原产地的优势。

2019年5月20日，推出"第八代五粮液"，与"普五"相比有三大变化：其一，外盒升级——① 双重防伪更安全；② 扁平弧形，亚光反射，高透明度更显纯粹品质。其二，瓶身升级——① 瓶盖配色采用优雅金搭配磨砂红双手递进，更显高贵；② 瓶标LOGO立体考标，采用最新全息水转印高端防伪技术，更有质感；③ 瓶贴全新设计，更显清晰；④ 瓶身曲线更柔和，质地更通达。其三，开启升级——无需借助工具，手动轻松开启，更加便捷。

五粮液品牌战略产品一览见表2-2。

表2-2　五粮液品牌战略产品一览

系列名称	产品名称	产品介绍	产品图片
五粮液系列	经典五粮液	经典五粮液更加凸现五粮液的主体风格，具有陈香浓郁、窖香幽雅、入口绵甜醇和、入喉净爽丝滑、回味悠长的风格特点	
	珍品艺术品五粮液	珍品艺术品五粮液诞生于20世纪90年代，采用3000mL水晶艺术瓶包装，内装700多年元明古窖池所酿五粮液酒	
	巴拿马金奖纪念酒	2005年，时值五粮液首获巴拿马万国博览会金奖90周年，为纪念这一盛事，五粮液股份有限公司特别推出此款五粮液巴拿马金奖纪念酒。本款纪念酒由五粮液700多年元明古窖酿造之精粹，经90多年陈酿，再由国家级评委、五粮液首席调酒大师精心勾调而成。纪念酒瓶体采用经典酒坛造型，底部镶嵌莲花宝座，盖头全部采用24K纯金制作	

续表

系列名称	产品名称	产品介绍	产品图片
五粮液系列	45%vol五粮液	秉承传统五粮液酿造技艺，45%vol五粮液精选高粱、玉米、大米、糯米、小麦五种粮食，经长年陈酿，精心勾调，而成醇香美酒。开瓶时喷涌而出的芳香浓馥，缭绕延绵，口感清爽甘冽，齿颊留香，令人回味无穷	
	52%vol五粮液	五粮液独特的生产原料、生产工艺和生态环境，使五粮液酒具有"香气悠久、味醇厚、入口甘美、入喉净爽、各味谐调、恰到好处、酒味全面"的独特风格，是酒类产品中的经典之作	
	60%vol五粮液	60%vol金奖五粮液萃取高粱、大米、糯米、小麦、玉米五种粮食之精华，采用独特酿酒古法，纯粮固态发酵，汲取700多年元明古窖之底蕴，精心提纯，呈现高度与品质之最佳结合，先后多次荣获国际金奖	

系列名称	产品名称	产品介绍	产品图片
五粮液系列	1618五粮液	运用五粮液独特的勾调技术而成，将历史的厚重与现代科技的创新融为一体，是五粮液酿酒技艺与品质保证的极致体现	
五粮浓香产品	五粮春	五粮春酒具有香气悠久、醇厚丰满、清洌甘爽、尾净怡畅的独特风格	
	五粮头曲（淡雅）	该酒酒体窖香醇雅，味绵甜，入口舒适，入喉顺畅，具有醇甜淡雅的特点	

探秘
五粮液

系列名称	产品名称	产品介绍	产品图片
五粮浓香产品	五粮特曲	是五粮特曲系列中的主打产品。该酒具有独特的"入口醇厚、酒味全面、回味甘甜"的复合口感	
	淡雅五粮醇	精选高粱、糯米、大米、小麦、玉米，严格按配方比例酿造而成，具有浓香、醇和、尾净的特点	
	绵柔尖庄·红钻	酒体选用宜宾五粮液股份有限公司优级酒，五种粮食酿造，创新融合绵柔口感，入口柔顺，多味协调	

续表

系列名称	产品名称	产品介绍	产品图片
五粮浓香产品	五粮人家·永享	是五粮人家品牌旗下主销产品之一，产品口感风格不浓不淡，优雅醇和	
	友酒·友谊	是友酒系列见证友情诞生及升华之作，是友酒社交属性的心意展现。酒体清爽柔和，回味甘甜，如同朋友初见的清爽，以及情深之后的回味	
	百家宴·幸福版	是瞄准市场品类空白，打造白酒市场中集品质、品牌、寓意于一身的中华家宴酒	

续表

系列名称	产品名称	产品介绍	产品图片
五粮浓香产品	火爆 FLAMMA	产品纯正爽口、顺畅。在外观设计上，针对年轻消费群体，定制创新设计包装	

五粮液收藏品指南（部分）见表2-3。

表2-3 五粮液收藏品指南（部分）

一、1964 年手榴弹瓶
"交杯牌"五粮液

生产年份：1964年

容量规格：500 g

酒精度数：60%vol

收藏星级：★★★★★★

收藏亮点：此种"交杯牌"五粮液最早出产于1959 年，是迄今为止发现的现存年份较早的五粮液之一。曾在2012年杭州西泠拍卖会上以112.7万元价格成交

二、1966 年中国名酒标
"交杯牌"五粮液

生产年份：1966年

容量规格：500 g

酒精度数：60%vol

收藏星级：★★★★★★

收藏亮点：红色酒标，金黄色麦穗、绿色瓶盖体现出当时的时代特征

三、1971 年
"红旗牌"五粮液

生产年份：1971年

容量规格：500 g

酒精度数：60%vol

收藏星级：★★★★★★

收藏亮点："红旗牌"代表了那个火红的年代，是整个五粮液收藏系列中的顶尖品种。曾在2012 年西泠拍卖会上以8.05 万元价格成交

四、1975 年白标
"长江大桥牌"五粮液

生产年份：1975年

容量规格：500 g

酒精度数：60%vol

收藏星级：★★★★★

收藏亮点：20世纪70 年代出口产品，富有时代感。同时也是五粮液首次出现外盒包装的产品

**五、1981 年萝卜瓶
"交杯牌"五粮液**

生产年份：1981年

容量规格：500 g

酒精度数：60%vol

收藏星级：★★★

收藏亮点：1981 年后，"交杯牌"五粮液独领风骚。该款"交杯牌"五粮液为圆润的"萝卜瓶"，瓶底具有独特的十字架标记符号凸纹。曾在 2012 年济南天麒阁拍卖会上以 1.15 万元价格成交

**六、1986 年
萝卜瓶金奖标五粮液**

生产年份：1986年

容量规格：500 g

酒精度数：52%vol

收藏星级：★★★

收藏亮点：金奖标五粮液中，唯一塑料盖品种，是承上启下的品种。曾在 2011 年中拍国际拍卖会上以 9146元价格成交

**七、1987 年
萝卜瓶全烫金标五粮液**

生产年份：1987年

容量规格：250 mL

酒精度数：52%vol

收藏星级：★★★

收藏亮点：此款是全酒标金色烫金，注入"五粮液"字体和麦穗，且为塑料盖的封装，尤为珍贵

**八、1988 年
麦穗瓶 W 标五粮液**

生产年份：1988年

容量规格：500 mL

酒精度数：60%vol

收藏星级：★★★

收藏亮点：独特的麦穗酒标中，使用了带"W"字的五粮液标志，从此开始一直沿用至1992年，极具收藏价值。曾在2010年北京保利拍卖会以5967元价格成交

九、1989 年
寿星瓶五粮液
生产年份：1989年
容量规格：500 mL
酒精度数：52%vol
收藏星级：★★★★
收藏亮点：使用传统寿星造型包装，更具文化色彩

十、1989 年
熊猫瓶五粮液
生产年份：1989年
容量规格：500 mL
酒精度数：52%vol
收藏星级：★★★★
收藏亮点：熊猫造型包装，上有篆书字体，更具古朴雅致之风

（四）五粮传奇：独具一格魅力

1. 五粮问世

1909年，清代举人杨惠泉将"杂粮酒"取名为"五粮液"，五粮液酒就此诞生。1932年，利川永大曲作坊正式设计印制使用"五粮液"商标。自此，五粮液逐步走上了传奇的发展之路。

2. 世博金牌

1915年，在美国纪念巴拿马运河开通而举办的巴拿马万国博览会上，五粮液酒获得首枚国际金奖。2015年，五粮液酒在意大利米兰世博会上，一举囊获"世博金奖产品""百年世博·百年金奖"和"最受海外华人喜爱白酒产品"等殊荣。至此，五粮液酒共荣获国际金奖48枚，创造了"百年金牌不倒"的辉煌。

3. "十里酒城"

五粮液酒酿制生产作业区从20世纪60年代开始，走出老作坊传统作业区。1960年，在宜宾城金沙江南岸青草坝酿造五粮液酒的明代作坊德盛福窖池处新建生产车间。1975年，年产量达740 t。

1978年，五粮液酒酿制和管理基地重回姚子雪曲诞生地岷江北岸旧州坝。

1989年，年产量达10740 t；到1991年，建成五粮液酒文化博览馆、勾调中心、低度酒车间、安乐泉供水园林小区、包装中心等配套建设，水土保持、园林绿化、卫生设施等生态建设落地，初具"十里酒城"规模，成为全国有名的花园式工厂；1995年，年产量达42330 t；1999年，形成8万吨年包装能力；目前为止，共有窖池3万余口，纯粮固态发酵基酒生产能力达到10余万吨。

4. "范氏勾调"

勾调技术源于1953年五粮液总技师范玉平。在此之前，酒厂、民国及至明清时代的酒坊，不同批次的酒往往直接出售，所以即使同一家酒坊，产品也会参差不齐。20世纪50年代开始，为了让五粮液始终保持稳定风格，赋予五粮液传统工艺新的生命力，解决五粮液酒统一质量和风格特色的难题，范玉平通过长期探索和研究，在五粮液传统酿造工艺基础上，首创"烘托、缓冲、平衡"的白酒勾调调味工艺，形成"范氏勾调"，开创了酿酒界勾调调味的先河，中国白酒生产才真正进入产品品质稳定、口感丰富平衡的新阶段。该项技术在20世纪70年代由商业部、轻工部在全国推广。

5. "中国酒业大王"

1995年8月，在北京举行的第50届国际统计大会上，宜宾五粮液酒厂以1994年销售总额12.6099亿元，利税总额4.0298亿元，两项指标居全国同行业第一，被大会中国组委会、国家统计局、中国企业评价中心授予"中国酒业大王"桂冠。

大王歌

6. "中国最有价值品牌"

1995年，五粮液品牌经北京名牌资产评估有限公司和R＆F睿富全球排行榜联合确认，以31.56亿元品牌价值成为"中国最有价值品牌"、中国白酒行业品牌价值第一。2000年，五粮液品牌价值以120.56亿元，居中国白酒行业最具价值的品牌第一，品牌价值进入100亿元方阵。2010年，五粮液品牌价值位居中国白酒行业榜首，品牌价值跃升到526.16亿元。2018年，五粮液品牌价值仍位居中国白酒行业榜首，品牌价值跃升到1152.68亿元。2021年《中国500最具价值品牌》报告中，五粮液以3253.16亿元的品牌价值荣登榜单第17位。在2021年国际权威品牌价值评估机构Brand Finance发布《Brand Finance 2021年全球品牌价值500强报告》中，五粮液品牌价值达257.68亿美元，位列第61名，居全球烈酒品牌第二，品牌评级跨入AAA级(最高级)大关，同时入选"全球最强品牌25强"。

7. 国家质量奖

20世纪80年代开始，五粮液酿制全过程建立起三级质量管理系统，开创酿酒行业质量控制先河。1988年，五粮液酒获得国内白酒行业首张产品认证证书；1990年，首次荣获国家质量管理奖；2003年，再次获得全国质量管理奖；2011年，第三次获得全国质量管理奖；2021年，第四次获得全国质量管理奖，成为行业唯一四度问鼎中国质量管理领域最高荣誉的企业，树立了酒业质量管理和品质坚守的新标杆。

（五）和美五粮："和为美"价值观

五粮液酿造无论是粮食种植，酿造，陈酿，抑或勾调，"和"文化一以贯之，过少不至，过犹不及，最终成一代酒中珍品。物有五行，谷有五粮，声有五音，颜有五色，亲有五服，酒有五粮。作为"和"文化的集大成者，五粮液以"和为美"的价值观，早已悄无声息地构筑着国人审美与幸福的基石。

1. 和美的酿造生态

五粮液诞生于宜宾，宜宾拥有4000多年的酿酒史，是多粮浓香型白酒发祥地。其核心产区地处北纬30度附近，常年气候温润，被联合国粮农组织和教科文组织誉为"地球同纬度上最适合酿造优质纯正蒸馏白酒的地区"，被中国轻工业联合会、中国酒业协会联合授予"中国白酒之都"荣誉称号。这里独有的自然环境孕育了一条完美的酿酒微生物生态链，气候、水源和土壤"三位一体"的和美自然生态条件，是宜宾产区白酒产业核心竞争力的重要支撑。这种得天独厚、不可复制的生态环境，也为五粮液酿造提供了得天独厚的和美天然优势。

2. 和美的五粮配方

五粮液是多粮浓香型白酒的典型代表，也是多粮酿造的首创者，是以陈氏秘方为基础不断改进配比，最终形成高粱36%、大米22%、糯米18%、小麦16%、玉米8%的和美原料配方。每种粮食酿酒都有各自的特性，高粱产酒清香味正、大米产酒醇和甘香、糯米产酒纯甜味浓、小麦产酒曲香悠长、玉米产酒喷香尾甜，经过优化配方的五种粮食酿酒集杂成醇，和美与共，五粮之精华赋予了五粮液酒味全面、酒体丰满醇厚的特点。

3. 和美的包包大曲

五粮液首创的"包包曲"因中部隆起似包包状，故而得名。其独特的隆起部位增加了与空气接触的面积，相比平板曲更易富集环境中的微生物，为发酵生香提供动力。"包包曲"兼具中、高温曲的优点，有利于酯化、生香和香味物质的累积，形成酿酒微生物系、酶系、香味成分等与大曲形状的和美汇聚。也正是因为有了"包包曲"，才能顺利地将宜宾得天独厚的酿酒自然资源充分转化为实实在在看得见的酿酒品质优势，造就了独一无二的浓郁曲香，保证了五粮液独有的"酒味全面"和美品质。

4. 和美的活态老窖

优质老窖泥中含有丰富的、经过长期驯化的、有利于酿酒的微生物菌群，在酿酒中发挥着神奇功能和作用。在长期不间断酿造生产过程中，窖池驯化产生的种类繁多微生物和香味物质慢慢地向糟醅深处渗透，同时糟醅中由五种粮食长期累积的营养成分慢慢地向窖泥渗透，形成良好的"以糟养窖、以窖养糟"的局面。浓香型白酒的续糟循环发酵工艺使得窖泥中的微生物朝着有利于酿造优质酒的方向驯化，多种微生物菌种和谐共生，随着窖龄的增加，所得酒质更佳，所产白酒的风味物质更为丰富协调，因此，越是老的窖池，越是珍稀，越是具有唯一性。

5. 和美的酿造工艺

中国白酒的酿造是一个复杂体系，任何一个微小因素的变化都会影响其最终味道的呈现，因此要做到"和美"酿造极为不易。五粮液传统酿酒工艺是一个极为特殊复杂而又天人合一的和美过程。采用"固态续糟、混蒸混烧、跑窖循环、分层入窖、双轮底发酵、分层起糟、分层蒸馏、量质摘酒、按质并坛、分级储存、精心勾调"等传统工艺酿造。上道工序满足下道工序，层层递进，有条不紊，环环相扣，耗时费力；每个环节都进行分级管理，层层甄选，目的是"优中选优、花中选花"，体现精酿、和美的理念。

6. 和美的勾调技艺

在白酒的生产过程中，生香靠发酵、提香靠蒸馏、成型靠勾调，勾调技术可以称得上是酿酒的画龙点睛之笔。勾调技艺就是将同一类型、不同特征的酒样进行组合，是把各种含有复杂香味成分的基础酒经过更佳、更协调、更为有益、更合理、更平衡的搭配，遵循生产规律，掌握传统的特殊性、典型性，凭借口感对酸、甜、苦、辣、香、陈、老、绵、软、幽雅、醇厚、细腻、净爽等一系列不同的感受，利用酒与酒之间的"取长""补短""相融""平衡""烘托"的原理，采取"酒勾酒""香调香""味配味""度调度"的诀窍。按照新、陈、老、酒度、不同特征等几大要素，以一定的比例调配，不直接或间接添加食用酒精或非自身发酵产生的呈色呈香呈味物质。当基酒通过勾调，使酒中的酸、酯、醛、酮等微量物质的含量适合、比例适当时，就会产生独特的、愉悦的香气和味道。

7. 和美的高端品质

"和美"白酒至少要做到："味道俱全，各味谐调，增之过浓，减之过淡，复合香幽雅突出，入口绵甜甘冽，诸味自然谐调，余香爽净悠长"。五粮液酒素以"香气悠久、味醇厚、入口甘美、入喉净爽、各味谐调、恰到好处、酒味全面"的独特风格闻名于世，而五粮液酒的"香"更是优雅舒适的窖香、陈香和粮香、糟香、曲香等自然融合的复合香，饮后甘冽，令人身心愉悦，老百姓赞誉五粮液"一滴沾唇满口香、三杯下肚浑身爽"。五粮液追求的"和美"文化，可具化为"美美与共"理念下的产品和美。五粮液酿造的所有和美工序最终统一汇聚成一种独特的和美味道，更是与中华传统文化理念"中庸之道"契合。

（六）文化传承：坚守协同创新

1. 古法技艺的传承

五粮液的酿造技艺是历经千年传统工艺的传承和发展而来的。锚定影响品质的关键点，从育种、选种、种植、磨粉、制曲、酿酒、陈酿、勾调、包装等设置整个生产过程85道关键工序，共217个专检点。纵观所有酒企，五粮液酒酿造工艺流程最多、生产过程最为复杂、操作要求最为精细、操作技能要求最高、参数控制难度最大、入窖淀粉浓度最高、入窖酸度最高、入窖水分最低、入窖糟醅黏性最大、单轮次发酵周期长、季节影响大、生产成本高的特点，造就了同行中相对最为极致和复杂的生产工艺条件。

五粮液工艺复杂性还体现在开窖后的感官鉴定和"看糟配料"。"看糟配料"是五粮液传统生产工艺的核心，是结合季节、每口窖池糟醅发酵状况，按照"粮、糠、水、曲、温、酸、糟"七大要素之间的关系进行综合判断和配料的一项特殊技能。以粮食为根本、以窖池为基础、以曲药为动力，其余水、酸、温、糠、糟适宜，相互协调，在操作上主要做到"稳、准、细、净"。

五粮液这种相对极致生产工艺条件的控制除了大大增加劳动强度与技术难度外，也对酿酒工人的生产技能形成挑战。众所周知，酿酒微生物有自己最佳的生长条件，如最适宜的温度、酸度、湿度等，在实际生产操作过程中，若是把控不精，五粮液这套近乎极致的工艺条件，极易造成少产酒，甚至不产酒的情况，为此付出高昂的代价。采用这套相对极致生产工艺的目的，就是在宜宾优质酿酒生态环境条件下酿造出品质非凡的五粮液酒。

2. 工匠精神的弘扬

工匠精神是对自己生产的产品精雕细琢、精益求精、更加完美的品质理念，包含诚信、专注、坚持、严谨、敬业等精神内涵。

酿酒是中国最为传统的行业之一，酿造五粮液除了宜宾的天时和地利，还有相对极端且复杂的工艺条件、更加苛刻的技能要求、严谨繁杂的操作程序等，更加需要辛勤钻研的五粮液工匠。千百年来，一代代五粮液人，传承着古老的酿酒技艺，让历经七百余年岁月风霜的古窖池群，仍然保持充沛的活力。五粮液人遵循"老老实实、一丝不苟、吃苦耐劳、艰苦奋斗、坚韧不拔、持之以恒"的工匠精神，恪守酿造技艺的"眼观、鼻闻、口尝、手触"等原则，致力于口传心授的"传帮带"、言传身教的师带徒、1+N的传承教育，以一生坚守的执着匠心、精湛匠艺和崇高匠品传承匠人匠魂。

精益求精、耐心专注、专业敬业的"工匠精神"，成就了五粮液丰富的酿酒专业技术人才资源：截至2021年，公司拥有国务院政府特殊津贴专家21人、国家级非物质文化遗产代表性传承人1名、中国酿酒大师5名、中国白酒大师2名、中国白酒工艺大师2人、国家级白酒评委20名、国家级白酒专家15名、国家级白酒特邀评委3名、全国技术能手4名、四川省酿酒大师4名、省级非物质文化遗产代表性传承人3名，各级专业技术职称、技能人员共一万余名。近年来，公司进行了"工匠苗圃"总结表彰暨授牌仪式，"工匠苗圃"探索形成"漫灌+渠灌+滴灌"的制度化培训体系，就是要把更多的"育苗人"培养起来，把更多的"工匠种子"播撒下去，不断放大苗圃的示范带动效应，培育更多的技能人才，让五粮液古老的传统酿酒技能精髓一代一代地得到继承和发扬。

（七）诗词与酒：两香相得益彰

泱泱华夏五千年，酒源自于生产，盛行于生活，见诸于名篇，酒香诗韵共流长。酒为诗侣，诗助酒兴，诗情恰在酒魂中："鸿门置宴未尽兴，从此霸王不归东""酒逢知己千杯少""举杯消愁愁更愁""李白斗酒诗百篇，长安市上酒家眠""人生得意须尽欢，莫使金樽空对月""劝君更尽一杯酒，西出阳关无故人""宋帝杯酒释兵权，国富兵多力却绵""酒香醉唐风，东西南北中，长安西望去，天山旌旗疾"。《全唐诗》全面描述了当时盛唐经济、军事、文化、农业、科技方方面面的生活其中与酒直接相关的诗篇超过12000篇，占总数的22%。诗与酒相生相伴，如影随形，积淀成为了中华民族的文化传统。

1. 唐诗宋词

宴戎州杨使君东楼

唐·杜甫

胜绝惊身老，情忘发兴奇。

座从歌妓密，乐任主人为。

重（zhòng）碧拈春酒，轻红擘荔枝。

楼高欲愁思，横笛未休吹。

注释：唐永泰元年（公元765年），53岁的杜甫乘船顺岷江东下路过戎州（现今宜宾），戎州长官杨史君设宴东楼。杜甫对宴席上的"重碧酒"情有独钟，引得诗兴大发，挥毫写下《宴戎州杨使君东楼》，并赋予其极高评价"胜绝惊身"。诗中一句"重碧拈春酒，轻红擘荔枝"，也成就了美酒与诗圣的美好典故。诗中的"重碧酒"，是宜宾郡酿。碧色即青绿色，重碧酒指多次酿制的窨酒，而饮带颜色的酒则是唐代的风尚。酿造重碧酒的原料是四种粮食，只比今天的五粮液少一种。

《戏题寄上汉中王三首》之一

唐·杜甫

策杖时能出，王门异昔游。

已知嗟不起，未许醉相留。

蜀酒浓无敌，江鱼美可求。

终思一酩酊，净扫雁池头。

注释：杜甫入蜀之后，在成都度过了一段难得的相对安定的日子，足迹遍布大半个四川，交游广泛，经历丰富，笔耕不辍，记载了多种四川美酒，其中就包含宜宾美酒。这些美酒颜色各异，有白色、绿色、鹅黄色；味道不同，有的甘甜、有的浓香、有的兼而有之，杜甫用亲身经历和体会得出了"蜀酒浓无敌"的结论。

安乐泉颂

宋·黄庭坚

姚子雪曲，杯色争玉。

得汤郁郁，白云生谷。

清而不薄，厚而不浊。

甘而不哕（huì），辛而不螫（shì）。

老夫手风，须此晨药。

眼花作颂，颠倒淡墨。

注释：诗中的"姚子雪曲"便是五粮液的前身，由戎州绅士姚君玉选用高粱、大米、糯米、荞子等多种粮食混合酿制而成。"清而不薄，厚而不浊。甘而不哕，辛而不螫"是在夸赞姚子雪曲酒颜色澄清、口感厚重、甘甜辛辣得恰到好处，其口感柔和、多味协调的特点跃然纸上。

答谢廖致平送绿荔枝

宋·黄庭坚

王公权家荔枝绿，廖致平家绿荔枝。

试倾一杯重碧色，快剥千颗轻红肌。

酸酷葡萄未足数，堆盘马乳不同时。

谁能同此胜绝味，唯有老杜东楼诗。

注释：宜宾古为戎州，盛产荔枝，据《华阳国志》和《太平御览》中均记载，其荔枝甜郁芬芳，多汁可酿酒，故宜宾自古以美酒和荔枝相联系。"老杜东楼诗"指杜甫的诗《宴戎州杨使君东楼》，这两首诗皆是夸赞美酒的诗篇。

农家

宋·陆游

东舍女乘龙，西家妇梦熊。

翁夸酒重碧，孙爱果初红。

栗烈三冬近，团栾一笑同。

营生无缪巧，百事仰天公。

注释："翁夸酒重碧"指的是农家老翁夸赞重碧酒。

醉落魄·陶陶兀兀

宋·黄庭坚

陶陶兀兀。

人生无累何由得。

杯中三万六千日。

闷损旁观，自我解落魄。

扶头不起还颓玉。

日高春睡平生足。

谁门可款新篘（chōu）熟。

安乐春泉，玉醴（lǐ）荔枝绿。

注释：诗中的"玉醴"指美酒，荔枝绿直接被作者冠以美酒的称号。

七夕至叙州登锁江亭，山谷谪居时屡登此亭

宋·范成大

水口故城丘垄平，新亭乃有緪（gēng）铁横。

归艎（huáng）击汰若飞渡，一雨彻明秋涨生。

东楼锁江两重客，笔墨当代俱诗鸣。

我来但醉春碧酒，星桥脉脉向三更。

注释：范成大到达叙州（今四川宜宾），舟泊锁江亭下。他登上锁江亭，见到滚滚流水，奔流不止，遥遥望去江对岸的已是别国他城，景还是景，人却已非故人，伤感不已，引杯自酌起来。那是一杯著名的酒，因为酒里醉过杜甫的赞，获过黄庭坚的叹，是当地最著名的"姚子雪曲"。在"我来但醉春碧酒"那句下面，心情愉悦的范成大还做起了注释：此酒名我并非写错，嘴饮的是杜甫四百年前赞过的重碧酒。他在《宴戎州杨使君东楼》里写"重碧拈春酒"之句称赞这杯佳酿，改叫"春碧"语意更胜。

2. 雅歌名赋

赠宜宾五粮液酒厂

华罗庚

名酒五粮液，优选味更醇。

节粮五百担，产量添五成。

豪饮李太白，雅酌陶渊明。

深恨生太早，只能享老春。

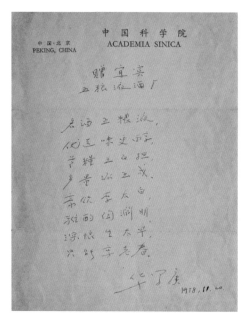

图2-4 华罗庚《赠宜宾五粮液酒厂》手稿

注释：五粮液经过6年的艰苦努力，采用华罗庚教授提出的"双法"中的优选法，结合"黄金分割法"进行优选，成功研制出35%vol和38%vol五粮液低度酒。华罗庚教授得知消息后非常兴奋，欣然命笔，题诗一首，并对原电文中的赠诗作了字斟句酌的修改（"省粮五百担"改为"节粮五百担"，"产量增五成"改为"产量添五成"）后合并其中（图2-4）。

五粮液赋

卢汉文

秦僰清酒，汉僰蒟酱，鬉鬉苗人，酿果三国。土彝巧慧，博取麦黍，曲酵封制，咂酒邀朋。气候温和，天地钟灵于濡湿；微菌繁生，杜康倾迷于土水。叙府之酒业，由来已久。唐混四粮，使君亲名重碧，宋杂五谷，姚子初为雪曲。

陈继姚业，明承宋方，迭至晚清，更名五粮。邓氏子均，衣钵正章。建坊沿江，是名糟房。地穴酵而窖池古，窖泥久而酒弥香。稻糯黍粱麦，五谷同入；东南西北中，八方共赏。清非薄，厚远浊，甘无哕，辛不螫。涪翁品评，后誉亦然。香久味醇，入喉净爽，谐调各味，经口弥长。不偏不倚❶，中庸之理，酒之道，即人之道矣。

其名缓著，岁月悠长，厚积薄发❷，一朝显扬。香惊巴拿马，土陶玉液初折桂；再渡太平洋，晶瓶琼浆二开梅。人欲既存，酒途当开。候时而动，乘势而上。酒与民偕运，民与国并昌。古传作坊，联而为一。国营定调，落址岷江之滨。岁在乙丑，雄奠宏业之基。白醴王者，浓香至尊，同命共运，国春厂春。千载沿故，渐露天睐神创之妙；十

---

❶ 原文为不偏不易。
❷ 原文为厚积勃发。

里宽场，尽呈人力造化之威。儒佛用祭，神人并重，谁堪比肩，国际扬声。

生之忧亦何忧，生之乐亦何乐。何以解忧，惟有醽醁，何以喧乐，惟有佳酿。家筵国宴举樽箸，怨女痴男奏阳关。三杯足而瑶台近，千巡过而意未酣。吟江皋之鹤舞，颂危霄之凤翔。心走龙蛇，意弛平旷。舍缧绁之裘马，换清澈之五粮。配以黄钟大鼎，天潢尊贵；可兼瑶筝清笛，知交久长。

噫，酒之极者，若窈窕西子，女之极者，若戎城美醪。妙目含情，顾盼生姿，过而不忘，思常感念。步芬苑幽径，登兰圃之巅，领红蕊之馥郁，受芳醇之氤氲。幸而歌曰：置席酒圣山，把盏叩青天，相饮未及醉，再约五百年。

注释："清非薄，厚远浊，甘无哕，辛不螫"化用黄庭坚的诗句"清而不薄，厚而不浊。甘而不哕，辛而不螫"，用于形容五粮液口感柔和，多味协调。"不偏不倚，中庸之理，酒之道，即人之道矣"则体现了五粮液是新时代中华民族"中庸和谐"文化的智慧结晶。

匠心·工艺篇

五粮液是以高粱、大米、糯米、小麦和玉米五种粮食为原料，以"包包曲"为发酵动力，采用元明古窖池群及其活态传承老窖池群，经由跑窖循环、续糟发酵、分层起糟、分层蒸馏、量质摘酒、按质并坛、陶坛贮存等一系列独特的纯粮固态发酵工艺酿造而成，通过85项关键过程和217个专检点的检测，匠心酿造好每一滴美酒，该工艺入选国家非物质文化遗产。酒体以"香气悠久、味醇厚、入口甘美、入喉净爽、各味谐调、恰到好处、酒味全面"的独特风格闻名于世。

　　五粮液公司始终守护"中华老字号"荣誉，在五粮液酒的生产过程中，依托系统工程和中国五行哲学原理，遵守"道法自然、古今恒通、传承发展、匠心善工"的传统技艺，坚持"料必优、时必适、工必到、法必精"的古训，秉持"优质、高产、低耗、均衡、安全"的现代生产理念，总结提炼出"种、酿、选、陈、调"美酒五字诀（如图3-1所示），形成了酒体内在的协同作用和外在的益生效应。

图3-1　五粮液美酒五字诀

　　"种"。"粮为酒之本"，好酒是酿出来的，更是"种"出来的。粮食种植是酿造高品质美酒的重要环节之一——五粮液精选五谷入酒，高粱产酒清香味正、大米产酒醇和甘香、糯米产酒纯甜味浓、小麦产酒曲香悠长、玉米产酒喷香尾甜，合成各味谐调的完美口感。为确保原粮品质，以宜宾为核心、四川为主体，兼顾国内部分优质产区，五粮液公司在全国范围内升级建设专用粮基地百万亩，种植酿酒所需专用粮。通过对育、种、收、储、运、交各环节标准化、精准化、智慧化的科学管理，全面提升酿酒原粮品质，实现"从一粒种子到一滴美酒"的全过程100%可溯源，持续酿造高品质美酒，满足消费者对美好生活的追求。

"酿"。"千年老窖万年糟，酒好须得窖池老。"作为浓香型白酒不可复制的核心优势资源，公司拥有始于元明时期的古窖池群，活态酿造延续至今，不间断生产时间长达700余年，是全国重点文物保护单位；五粮液窖池群及酿酒作坊被列入"国家工业遗产"，并入选中国世界文化遗产预备名单；五粮液地穴式曲酒发酵窖古窖泥，被中国国家博物馆永久收藏，是国家博物馆目前收藏的唯一一件"活文物"。古窖泥中含有丰富的功能微生物，通过"以糟养窖，以窖养糟"长期不间断地迭代进化，赋予了五粮液酒经典幽雅的古窖浓香。从选粮配料、磨粉制曲、酿造发酵至开窖取酒，五粮液酒的酿造时间周期长、操作要求细、控制难度大、生产成本高，尤其是在酿造发酵阶段，需经过"跑窖循环""续糟发酵""沸点量水""分层起糟""混蒸混烧"等多道极其复杂工序，每轮次发酵时间就需70天，双轮底发酵更是长达140天，发酵期在各香型白酒生产中历时最长。

"选"。坚持"分级甄选、优中选优"，精细化识别基酒酒液色、香、味、格的差异，通过"掐头去尾""量质摘酒""按质并坛"等精准化操作，由具有丰富经验的专业技师对基酒边尝边摘，严格根据感官、理化等指标，细分基酒等级，确保口感和品质最上乘的基酒才能用作生产"五粮液"，这种可生产五粮液的基酒在所有基酒中的比率称之为"名酒率"。随着窖池老熟程度的提升,名酒率也不断提升。

"陈"。选取特制陶坛存放基酒,在暗光、温度与湿度波动小的环境中保存。通过陶坛壁上细微孔隙,刺激性物质不断挥发,酒质进一步提升,微量氧气进入坛内与酒分子发生缓慢的陈化反应,经过 3 ~ 5 年的存放,酒分子与香味物质和谐交融,酒体充分成熟,陈香更幽雅,窖香更浓郁,口感更加醇厚丰满、细腻圆润。

"调"。首创"以酒调酒"的勾调工艺,拒绝添加任何非自然固态发酵产生的外来物质,按照酒体设计要求和质量标准,从视觉、嗅觉、味觉等方面,根据基酒的感官特征和理化数据,通过组合、调味两大工序,对不同车间、不同窖池、不同窖龄、不同酒龄、不同级别、不同酒度、不同个性特征的基酒进行不同的排列组合,并通过对组合酒感官特征的科学分析,加入不同的调味酒,对微量香味成分进行综合平衡,保证并稳定五粮液各味谐调又恰到好处的酒体风格。

(一)生态产区:"五粮之基"

作为典型的"地域生态资源特色产业",白酒酿造以生态为基础,气候、土壤、温湿度、水资源和植被等独有的酿酒生态形成了酿酒必需的微生物圈,为微生物的繁殖、和谐共存提供了得天独厚的自然条件。在酿酒过程中,数以亿计的微生物共同作用,利用原料中的淀粉、脂肪、蛋白质等进行复杂的生化代谢,赋予了五粮液酒独特的风味。

1. 气候

五粮液核心产区位于四川省宜宾市，地处28°48'N、104°36'E，该地区在气候环境上具有独特性优势。在海拔高度、地理位置和大气环流的共同作用下，既有四川盆地中亚热带湿润气候的特色，又有山地垂直气候变化的规律，具有从南亚热带到温暖带的立体气候特征。年平均降雨量高达1200 mm，年平均相对湿度81% ~ 85%，年平均日照950 ~ 1180 h，常年温差和昼夜温差小，湿度大，年平均气温在15.0 ~ 18.3℃，属长江上游的重要生态屏障。宜宾气候适中、湿度大、水分充足、空气流动性小等都更有利于微生物的生长、繁殖、聚集，更有利于维持酿酒微生物较高的活性，为五粮液酒的非凡品质提供了先天保障。

2. 水源

宜宾境内水系属外流水系，水系丰富、溪流纵横，岷江、金沙江于此交汇成哺育中华文明最重要的母亲河——长江。除长江、岷江、金沙江三江穿境而过外，有一级支流、二级支流、大小河流溪流多达600余条。一同滋润了宜宾的土地，使这里成为培育酿酒原粮的沃土。

"水为酒之血"，五粮液处于岷江河畔，酿酒用水是采用岷江河道中心垂直深入地下90多米位置，再经过400 m隧道抽取富含矿物质的古河道水。水质优良、甘美可口、杂质少，富含对人体有利的20多种微量元素，是酿酒的上佳水源。

3. 土壤

宜宾土壤中独特的黄黏土一直作为浓香型酿酒生产筑窖和喷窖的专用泥土，具有含沙量少、细腻、黏性强、呈弱酸性、土层深厚、结构性好、熟化度高等特点，而且富含磷、铁、镍、钴等微量成分，是酿酒微生物生长繁殖的极佳环境。同时也非常适合种植高粱、水稻、糯米、玉米等多种农作物，这些正是酿造五粮液配方中的主要酿酒原料。

正是上述独有的环境生态造就了独有的五粮液酿造微基础，环境微生物直接参与白酒酿造，决定了最终产品的类型和品质。在酿酒生态环境好的地区，生物具有多样性，有利于酿酒必需微生物种群的生殖、繁衍以及微生物群落的形成、代谢和不断优化。这种气候、土壤、水源三位一体不可复制的生态环境自然条件孕育着一条微生物生态链，这条生态链见证了数千年的酿酒劳作，最终进化为适宜酿酒、适宜酿好酒的生态环境。这是宜宾（五粮液）白酒产业核心竞争力的重要支撑，2009年宜宾市被轻工业联合会和中国酿酒工业协会联合授予"中国（宜宾）白酒之都"，同年被联合国教科文及粮农组织定义为"地球同纬度上最适合酿造优质纯正蒸馏白酒的地区"，2017年被授予"世界十大烈酒产区之一"。

（二）五粮原料："五粮之韵"

"粮乃酒之韵"证明了粮食原料是酿造优质白酒的重要物质基础，是产品风味成分的主要来源，其质量好坏与稳定性对白酒品质有着重要的影响。五粮液酒的高品质除与宜宾得天独厚的生态及独特的酿造工艺有关外，还离不开五种粮食为原料的绝佳配方。

1. 五粮配方演变

酿造五粮液的原料科学配方是由宜宾千年酿酒传承演变而成的，不是一蹴而就的，是经过历史检验的。自古以来，其他地区的白酒酿造原料一般以单粮居多，比如使用单一高粱酿酒。五粮液是世界上首创以"高粱、大米、糯米、小麦、玉米"五种粮食酿造的蒸馏白酒，是划时代的创举。五种粮食互相激荡、和谐交融，更能产生丰富的风味物质，为丰满醇厚的口感提供全面的物质基础。纵观历代，用大米、糯米、小麦等粮食酿酒并不多见，正是这富庶的自然恩赐和古人智慧，创造了独具魅力和奥妙的五粮酿酒配方。

据传，早在南北朝时期宜宾的咂酒已经使用小麦、青稞和黍米混合的多粮酿造。

据记载，唐代时期被杜甫喜爱的重碧酒已采用四种粮食酿造。

宋代，宜宾地区已率先形成以蜀黍（高粱）、稻（大米）、糯稻（糯米）、荞麦、粟（小米）的五粮酿酒传统，形成五粮配方最成熟的雏形。

元明清，宜宾陈氏家族代代传承、完善前代配方，并由第五代传人陈三总结出"荞子成半黍半成，大米糯米各两成，川南红粮凑足数，地窖发酵天锅蒸"的著名"陈氏秘方"。

1960年，五粮液在"陈氏秘方"基础上进行改良，以小麦代替了荞麦，形成了如今的科学配比：高粱36%、大米22%、糯米18%、小麦16%、玉米8%。

2. 五粮酿酒特色

高粱——高粱产酒清香味正：选用宜宾特有的糯红高粱，支链淀粉含量高，单宁含量适宜，蛋白质与脂肪含量低，出酒纯净、醇正，奠定五粮液雅正清香之筋骨。

大米——大米产酒醇和甘香：大米是古代宜宾地区主要的粮食作物，大米酿酒具有杂质少、纯净的特点，适合低温缓慢发酵，逐步激发出醇美甘香。

糯米——糯米产酒纯甜味浓：糯米支链淀粉含量高，具有质地软、蒸熟后黏度大的特点，必须与其他原料配合使用。由于多样糖苷键的作用，水解后的物质和微生物代谢生成物更趋多样，风味物质层次更加明显，让酒更显绵甜，口感更加顺滑。

小麦——小麦产酒曲香悠长：小麦含有多种糖类以及氨基酸等成分，有利于酿酒微生物的生长，在发酵过程中产生独特香气，使酒体呈现曲香悠长的风味特征。

玉米——玉米产酒喷香尾甜：玉米除含有大量淀粉外，还含有较多的脂肪、蛋白质等成分，脂肪经发酵后赋予酒体醇甜感和润感，而玉米本身又富含植酸，经调酸后更有利于糖化和酯化生香。

采用五种粮食作为酿酒原料，规避了单一原料酿酒存在的先天不足，汇聚五种粮食的精华，相互协调，集杂成醇，风味物质丰富，达到"酒味全面"、醇香纯正的境界。

五粮配方中五种粮食的直(支)链淀粉、蛋白质、脂肪、单宁、维生素、矿物质等营养物质含量不一样，使得不同粮食自身香味具有不同的风格特点。通过长期的时间证明，五粮液整合五种粮食各自的产酒特点，现如今采用的五种粮食原料配方为最优，也是五粮液"尤以酒味全面而著称"的根本之源。

3. 五粮品质管控

五粮液生产采用"混蒸混烧"工艺，粮食与出窖糟醅同时蒸馏，即先小火蒸酒后大火蒸粮，粮食的香味物质会带入酒中，因此粮食的质量影响着基酒的质量。五粮液公司对五种粮食的质量把关相当严格，企业标准有着高标准的感官、理化要求。

（1）建立了高于、严于国家标准的企业内部标准

从各种粮食的色泽、气味、杂质含量、颗粒饱满度等方面，严格按标准进行感官鉴定，整体要求淀粉含量高、蒸煮效果好，新鲜、饱满、坚实、均匀、皮薄，无虫蛀、无霉坏、无变质，有粮食固有香气，无异杂味。感官鉴定合格后再进行更加全面、更加严格的理化卫生指标检测，确保优质原料的供给。

（2）持续升级建设超过100万亩五粮液酿酒专用粮基地

形成以宜宾为核心、四川为主体、兼顾国内部分的酿酒专用粮优质产区，在品质上既保障五粮液核心品牌酿酒用粮的专用化供应，又利于实施原料供应链溯源管理，推行食品安全前端控制。宜宾市的土壤非常适合种植高粱、水稻、糯稻、玉米等酿酒作物，特别是在紫色土上种植的川南优质糯红高粱，颗粒饱满、色泽红亮，淀粉中支链淀粉含量在95%以上，吸水性强、易于糊化，出酒率和酒质远超过粳高粱，是酿造五粮液的最好原料，为宜宾区内独有的酿酒原料。

（三）包包大曲："五粮之骨"

《尚书》载："若作酒醴（lǐ），尔唯曲糵（niè）。"酿酒必先制曲，酒曲是中国白酒区别于西方蒸馏酒的标志之一。

1. "包包曲"的功能

"曲为酒之骨"，大曲作为酿酒产量和品质的重要保障，在酿酒过程中具有糖化、发酵和生香三大功能。制曲的过程就是通过网罗富集环境中的有益微生物，在不同培菌时期，不同温度阶段，酵母菌、霉菌和细菌轮番扮演着重要的角色。它们赋予大曲丰富的酶类，馥郁的香气，富足的物质，而这些物质形成特有的"三系"（物系、菌系、酶系）功能。"物系"是指曲麦中本就含有淀粉、蛋白质等物质；"菌系"是指在培养曲块过程中富集在曲块的微生物菌群（霉菌、酵母菌等）通过繁殖形成了一定种群数量；"酶系"则主要是指曲块中通过微生物群代谢产生的酶（如糖化酶、蛋白酶等）。

2. "包包曲"的特点

五粮液大曲因中部隆起似包包状，得名"包包曲"。作为多菌系、多酶系、多物系的复合发酵制品，是采用优质小麦为原料，秉承"前缓、中挺、后缓落"的工艺主线和"中偏高温"的工艺特点，有效保障了发酵、生香的顺利进行。"包包曲"的隆起部位增加了与空气接触的面积，能更多地网罗自然环境中有益的微生物参与繁殖、代谢，形成特殊的温度条件，包包部位的制曲顶温可达到高温曲的制曲顶温，使其具有高温芽孢香味；曲块其余部位具有中温曲的菌系和酶活等优点，糖化力高，发酵力强，有利于酯化、生香和香味物质的累积。正是有了"包包曲"，才能顺利地将宜宾得天独厚的酿酒自然禀赋充分转化为实实在在看得见的酿酒品质优势，造就独一无二的浓郁曲香，赐予诸味谐调的高雅气质，保证了五粮液"酒味全面"的独有品质。

3. 感官理化要求

五粮液大曲独具特色，公司很早就建立了"包包曲"企业标准Q/70906103-8，规范了"包包曲"的生产、检验和贮存。

（1）"包包曲"的鉴定感官要求

曲香纯正，气味浓郁；"穿衣"良好，断面整齐，菌丝粗壮紧密，以猪油白色或乳白色为主；兼有少量黄色。

（2）五粮液"包包曲"理化指标

水分、酸度测定为基本的指标，根据实际需要对淀粉酶活力、糖化酶活力、蛋白酶活力、发酵力、脂肪酶活力、酯化力及酯分解率和氨基酸等进行测定。其中曲的酸度高低和氨态氮含量高低可作为反映大曲复合曲香物质强弱的指标之一。糖化力和发酵力指标对酿酒生产有重要意义。糖化力（以葡萄糖计）$\geqslant 600 \text{ mg}/(\text{g} \cdot \text{h})$（30℃，$\text{pH} = 4.6$），发酵力（30℃）$\geqslant 150 \text{ mL}/(\text{g} \cdot 72 \text{ h})$。

（四）老窖池群："五粮之魂"

"千年老窖万年糟，酒好全凭窖池老""老窖产好酒""窖为酒之魂""糟窖互养"等等有关酿酒俗语主要是针对浓香型白酒的窖池而言。

1. 窖池功能

　　窖池是酿造白酒的主要设备，具有容器和发酵两方面的作用。对浓香型白酒而言，泥窖除了作为容器盛装糟醅之外，最重要的是泥窖自身含有丰富的微生物，参与了糟醅的互动发酵，具有关键的发酵功能。而其他香型白酒在窖池自身参与发酵功能方面不是很强，比如酱香型的石头窖、清香型的地缸等，基本上只是作为容器，起到密闭盛装的功能。因此泥窖是浓香型白酒区别于其他香型白酒的关键特征，是独一无二的生物发酵设备。

　　浓香型白酒的窖池是关键的发酵设备，窖池好坏与窖龄密切相关。优质老窖池中含有丰富的、经过长期驯化的、有利于酿酒的微生物菌群，在酿酒中发挥着神奇功能和绩效，决定着基酒的品质。主要原因在于长期不间断酿造生产过程中，窖池会驯化种类繁多的微生物并产生香味物质，并且慢慢地向泥窖深处渗透富集。浓香型白酒的续糟循环发酵工艺使得窖泥中的微生物在适者生存的自然法则下，朝着适应酿酒的方向优胜劣汰。随着窖龄的增加，所得酒质更佳，所产白酒的总酸和总酯指标也在增加，醇类含量略降低，发酵代谢利于产酯生香。因此，越是老的窖池，越是珍稀，越是具有唯一性。

2. 古窖池群

　　五粮液古窖池群始于元明，距今已有700余年，是我国目前持续不间断使用时间最长的地穴式曲酒发酵窖池。2005年，国家博物馆永久收藏的唯一"活文物"五粮液明代老窖泥，其蕴含的文物、文化、生物学价值，是金钱无法衡量的。老窖池群中丰富的微生物群落发展规律为历史溯源提供了极为宝贵的研究载体和渠道。

五粮液除了拥有一批年代久远的古窖池群外，还拥有3万多口处于"壮年"的窖池群（如表3-1所示），其中窖龄在20年以上的有33540口，100年以上的有858口。3万多口"壮年"老窖池主要得益于20世纪80年代，五粮液把握住了改革开放初期宝贵的市场发展时机进行连续不断地扩能扩产，成就了目前白酒企业中数量3万多口最为庞大的老窖池群。这些老窖池群与元明古窖池群同根同源、一脉相承（可以理解为近现代的数万口窖池都是古窖池群的"子孙后代"，都带有元明古窖的全部"基因"），都是古窖池"活态"的延续与继承，更是承载五粮液未来发展的最强力支撑。

表3-1　五粮液窖池窖龄分布

窖龄	数量/口	占比
700年以上古窖池	179	0.5%
100~700年老窖池	679	2.1%
40~100年老窖池	4072	12.2%
30~40年窖池	3120	9.3%
20~30年窖池	25490	76.0%
共计	33540	

2022年3月，国际原核微生物进化与分类学权威期刊《国际系统与进化微生物学杂志》在线发表了由江南大学徐岩教授团队和五粮液股份有限公司联合攻关从五粮液老窖泥中发现编号为"JNU-WLY1368"的"微生物新物种"，该新种名称及其进化地位的确立，

是对"大国浓香、和美五粮"核心科学奥秘的精确注解，也是对微生物学领域的一项重要贡献，全面揭示我国浓香型白酒酿造系统复杂性的科学奥秘。

3. 感官指标

五粮液老窖泥的感官描述：灰褐色或黑褐色，夹有黄色浆状物质；香气纯正，具有浓郁、优雅的五粮酿酒窖香，浓郁的酯香、酒香，香味持久，无其他异杂味；无刺手感、柔熟细腻、油滑，断面泡气，质地均匀无杂质，明显有黏稠感。从表3-2的菌落指标体系看，老窖泥中的复杂微生物群落赋予白酒独特风味。

表 3-2 不同窖泥微生物

单位：10^4 个 /g 干土

项目	老窖	壮龄窖	新窖	老窖/新窖
细菌总数	104.1	39.3	23.7	3.1
好氧细菌数	17.3	11.0	12.1	1.4
厌氧细菌数	86.3	28.5	21.6	4.0
厌氧细菌/好氧细菌	3.0	2.6	1.8	
芽孢细菌总数	46.1	21.6	20.5	2.3
好氧芽孢菌数	9.9	5.2	6.5	1.5
厌氧芽孢菌数	36.2	16.4	14.0	2.6
厌氧芽孢菌/好氧芽孢菌	3.6	3.1	2.1	

4. 历史考证

1964年，四川省文物管理委员会鉴定小组根据"长发升"酒窖发现的明代瓷片等考古发掘资料，首次将"长发升"酒窖定性为明代古窖池。

1994年，由四川省文物管理委员会牵头，组织省内外考古专家，对五粮液"长发升"及"利川永"古窖池群进行了全面集中的考察论证，一致认为五粮液"长发升"及"利川永"古窖池群均为明代遗存。以后，四川省文物考古研究院联合宜宾市博物馆，又多次对五粮液"长发升"、"利川永"及北正街古窖池遗址进行考古勘探发掘和论证研究工作，发布了《宜宾五粮液集团"长发升"、"利川永"及北正街古窖池考古调查勘探报告》。报告称：考古发掘证实五粮液"长发升"及"利川永"古窖池群创建于元明的可能性是存在的。

2021年12月，历时18个月的国家文物局"指南针计划——中国古代酿酒技术的价值挖掘与展示研究"之"考古五粮液"项目取得重要成果：为以"地穴式曲酒发酵窖池"为主要特征的宜宾多粮大曲酿酒技术和五粮液古窖池群历史年代提前至元代提供了实证。

2022年2月，国家文物局下发《关于四川省2022年度全国重点文物保护单位文物保护项目（不含安防消防防雷）计划的批复》（文物保函〔2021〕1086号），五粮液老窖池遗址（图3-2所示）保护性修缮计划被列入2022年度全国重点文物保护单位保护项目计划同意实施项目名单，是本次获批31个项目中唯一的白酒行业项目。

图 3-2　五粮液老窖池遗址

（五）酿造工艺：技之核心

1. 低温入窖，缓慢发酵

常言道："慢工才能出细活"，五粮液除了酿造工艺流程最多、工艺条件相对极致外，特别讲究"低温入窖，缓慢发酵"的原则。因为在低温发酵条件下有利于酿酒功能微生物及其酶的生长与作用，可以相对抑制有害菌的繁殖；发酵速度缓慢、彻底，有利于提升出酒率，升酸幅度适宜；有利于醇甜类物质与酯类物质的生成，减少不利于健康类物质的产生，口感和内在质量能够得到最好的保障。

无论在理论上或生产实践上都认为浓香型白酒生产的"低温入窖，缓慢发酵"有百利而无一弊。"低温入窖"的问题经过长时期的讨论与实践，最佳的入窖温度为 13 ~ 18℃，根据生产实际情况，五粮液糟醅入窖温度要求是"地温≤20℃时，入窖为16~20℃；地温>20℃时，入窖为平地温"。"缓慢发酵"是美酒需要长时间的孕育，五粮液的一轮次发酵周期都在70天以上。固态白酒的发酵周期是指糟醅入窖后密闭到开窖的时间，一般会历经乙醇发酵、产酸、酯化三个过程才完成一轮次发酵期。各种香型白酒的发酵周期是不相同的，比如酱香型白酒和清香型白酒的一轮次发酵期为30天左右，五粮液是各香型白酒乃至浓香型白酒生产中一轮次发酵周期历时最长的。

双轮底发酵：五粮液首创的"双轮底发酵"工艺，以增加窖池底部糟醅中香味物质种类和含量，实属白酒生产中发酵时间最长，虽然增加了生产成本，但大大提升了基酒的品质，被广泛借鉴应用。

全泥窖发酵是浓香型白酒区别于其他白酒的主要特征，发酵过程是在曲药微生物、环境微生物、窖泥微生物的共同作用下进行的。随着现代科学技术的发展，通过系列分析发现"双轮底发酵"工艺的正确性和科学性。由于窖池底部糟醅与窖泥接触面积较大，相互之间有着更多的物质传递和影响，特别是窖泥产生的有机酸和糟醅产生的乙醇之间的酯化反应最为明显。由于窖池中酸醇酯化等自然反应时间十分缓慢，"双轮底发酵"工艺是有意识、选择性把窖池底部部分糟醅的发酵期延长一轮次，使酸醇酯化等更加充分，有利于香味物质的大量生成与积累。这已经被实践证明是生产优质调味酒、显著增加酒体香浓感的一种有效措施，在全国浓香型白酒范围内得到了大规模应用。不是所有的窖池底部糟醅都适合"双轮底"操作，因为双轮底糟醅的酸度偏高，容易对窖泥中有益微生物产生不利影响，稍有不慎，会对窖池带来"伤害"。因此"双轮底"操作对底部糟醅、窖池状态有严格工艺参数要求，是有选择性的，必须满足传统工艺的前提下才能进行相应的生产工艺安排。

2. 跑窖循环，分层入窖

跑窖循环：浓香型白酒生产工艺传统上分为三个流派，以五粮液为代表的跑窖法工艺，以泸州老窖为代表的原窖法工艺，以洋河为代表的老五甑法工艺。跑窖循环续糟发酵能让糟醅在不同窖池中"流动"循环，有利于整个酿酒区域发酵水平的平衡和提高，有利于窖池的长时间发酵并提升名酒率及品质均匀度，有利于摊场面积的有效利用，有利于为后面的"分层起糟、分层蒸馏"等甄选工序创造良好的基础。

分层入窖：浓香型白酒的泥窖深度有 2 m 左右，窖池中孕育的窖泥微生物种类、数量、比例、消长关系，在上、中、下层窖池内的分布不均衡、作用不一致，会导致每轮发酵过程一口窖池内不同层次糟醅的发酵状况和发酵特征有明显区别。有些白酒企业由于传统工艺就没有采取分层入窖的方式。五粮液入窖糟醅的感官要求：疏松不糙、柔熟不腻、糊化彻底、内无生心。

3. 分层起糟，混蒸混烧

分层起糟：分层起糟是五粮液生产工艺中的核心技术，是基于作为生物发酵设备窖池的生物多样性特征和差异而实施的追求个性特征的品质细分过程。窖池内糟醅与窖池窖泥接触面积不一样，导致不同层次的糟醅发酵质量特征存在明显区别，不同层次酒体风格各有特点，从上往下呈现出"糟香"到"窖香"的变化，越往下，以己酸乙酯为主体香的复合协调香气越明显；同时，每一口窖池在每一轮次发酵期中都始终存在着细微的差别，不同窖池的糟醅发酵质量也不一。

众所周知，"生香靠发酵，提香靠蒸馏"，固态蒸馏是白酒生产中最为重要的环节之一。固态蒸馏的目的主要是浓缩糟醅中的酒，得到产量，同时将糟醅中的各种呈香呈味物质一并蒸馏进基酒中，进而得到质量。与分层入窖、分层起糟一样，分层蒸馏也是强调保留个性化特征、细分品质的关键工序，从而在分离、浓缩乙醇和风味成分得到个性化基酒的同时糊化新投入的原料。同样，有些白酒企业由于没有分层起糟，进而也做不到分层蒸馏。

混蒸混烧：将原料和发酵好的糟醅混合，蒸酒和蒸粮同时进行，称为"混蒸混烧"，前期以小火蒸酒为主，甑内蒸汽量较少，蒸酒后大火蒸粮，应保持一段糊化时间，甑内蒸汽量较大。既是对糟醅中乙醇及各种风味物质的分离浓缩过程，又是对新配入酿酒原料的蒸煮糊化过程。如果蒸酒与蒸料分开进行，称之为"清蒸清烧"。

五粮液的"混蒸混烧"是将发酵好的糟醅与配比好的五粮粉按比例拌匀上甑进行蒸酒蒸粮。五种粮食的香气各有不同，随着蒸酒的进行，粮食香气会一同进入酒中，因此五种粮食的品质对基酒质量有着非常重要的影响。五粮液严控原料质量，执行远超国家标准的企业标准。通过混蒸混烧，五种粮食原料中的各种香味成分与酒互相作用，五粮香充分融入酒液，大幅提升酒体口感协调性，酒体具有明显的"五粮香"，这是五粮液的风格特征之一。

4. 量质摘酒，按质并坛

由于出窖糟醅中各种风味物质的挥发性能不同，因此在固态蒸馏过程中，不同时间段蒸馏出的基酒酒度不同，风味物质分布不均匀、不平衡，品质特征差异明显，因此在蒸馏过程中按照基酒的品质特征进行的分段操作就叫"量质摘酒"。

在整个蒸馏过程中，最开始的酒头酒度最高，挥发性香味物质含量很丰富，但因为含有部分异杂成分，一般摘作"头子酒"单独存放和使用；中间部分基酒酒度较高，香和味最为协调；随着流酒酒度的降低，尾段酒中的醇溶性香味物质逐渐降低，不协调成分（高沸点酸类等物质）含量升高，香气闷、味杂等。当然由于传统生产工艺的原因，某些香型白酒在蒸馏过程中仅仅存在"掐头去尾"，没有量质摘酒的过程。

五粮液的量质摘酒是根据固态蒸馏不同馏段风味物质的差异，通过"掐头去尾"去除杂质，由经验丰富的酿酒技师边尝边摘，经过眼观之、鼻嗅之、口尝之，感悟各段酒液瞬息万变的色、香、味等细微差别，将品质好的基酒及时分段分质摘取后，相同品质的基酒进行综合，按照表3-3所示的企业质量标准把基酒划分为特级酒、一级酒、二级酒等的整个操作过程。五粮液这样操作的本质是对整个蒸馏过程中按照馏分的质量风味进行取舍，以保障不同来源的窖池、不同层次的糟醅产出的基酒按品质被有效细分。摘酒后，酿酒师根据相近相似、相融相生、平衡谐调的原理，将来源不同、品格各具特色的基酒，有针对性地实施组合，使之优势互补、平衡协调形成良好的口味和典型风格，并在基酒等级基本确定后，按其等级分别储存。

表3-3 五粮液基酒的感官验收标准和个别理化指标

级别	感官指标
特级	无色透明，无悬浮物，无沉淀等肉眼可见物。香气浓郁优雅，底窖风格特别突出，香味特别香浓、悠长、味净、甜爽。一般是发酵时间较长，双轮底以及各项理化指标丰实的老窖池的底窖酒
一级	无色透明，无悬浮物，无沉淀等肉眼可见物。具有浓郁纯正的底窖香为主体的复合香气，味香、浓、醇、甜、净、爽，具有五粮液的基本风格
二级	无色透明，无悬浮物，无沉淀等肉眼可见物。具有较浓的底窖香为主体的复合香气，香气较好，味香浓醇正，无异香异味

（六）陶坛陈酿：酒香积淀

通过一定时间的贮存可使酒体更优雅、醇厚、绵甜、爽净、圆润，这一过程称为"陈酿"。

1. 陈酿质为先

陈酿的前提，是必须要把酒做好，陈酿时间的把控要同酒质相谐调，劣酒不会因为陈酿而变成好酒，只有优质基酒才有陈酿的价值。经过前面的按质并坛，再经验收定级后的基酒，具有醇、甜、净、爽、香、浓等典型特点。再采用传统陶坛进行陈酿，陶坛使用的陶土含沙量小，细腻润泽，本身含有钾、钙、钠、镁、铁、铜、锰、锌等金属元素，经高温烧结后，不仅稳定性高，不易氧化变质，而且耐酸碱、抗腐蚀，透气性好且不渗漏，被称为"会呼吸的陶坛"。在烧制过程中，坛体会形成微孔网状结构，能有效导入外界的氧气，促进酒的酯化和氧化还原反应，进而有效提升酒体质量。随着贮存时间延长，陶坛本身含有的金属元素离子逐渐溶入酒体中，一方面能增强乙醇分子与水分子的缔合能力，减少游离乙醇分子，加速酒体进入一个相对稳定的状态；另一方面与酒体香味成分发生缩合反应，有效促进酒体陈酿老熟。同新陶坛相比，旧陶坛对酒体"味"和"格"的改变作用更佳。

五粮液公司从20世纪70年代末期至今不断持续对基酒的陈酿进行系统研究，公司曾先后立项《五粮液勾调技术的研究》《白酒中陈味的研究》《白酒中金属元素的催化作用研究》《陶坛中金属迁移对白酒老熟影响的研究》《优化陶坛孔结构及成分促进酒体老熟的研究》等项目对酒的陈酿进行专项研究。

五粮液酒陈酿是一个复杂且微妙的变化过程，是勾调调味工序中的重要环节，它既涉及物理变化也涉及化学变化。物理变化主要是水和乙醇分子之间的缔合作用，其缔合度随乙醇分子自由度减少，使人在味觉上感到柔和；化学变化主要有氧化还原反应、酯化水解反应、醛缩合等，使酒中醇、酸、酯、醛等微量风味成分达到新的平衡。新酒有爆辣、冲鼻、刺激性大、乙醇分子活度大等缺点，经过陈酿，低沸点的醛类、硫化氢、硫醇等挥发性物质减少至消失，使酒的香味更加协调醇和，即白酒的自然老熟。陈酿也是稳定和完善产品质量的重要手段。

2. 耗时更考究

唯有时间方能陈酿出时间的味道，新酒味燥，酒体香气的变化速度慢，耗时长，时间的延长在一定程度上能增加酒体的芳香，但也不是所有的酒都是越陈越好，有的白酒若贮存时间过长，则会进入"衰老期"，失去原有的风味。相比其他香型白酒，五粮液基酒经掐头去尾后两次摘选，才获得优质基酒，因入库时乙醇浓度较高且本身品质把控严格，陈酿时间大大缩短，基酒贮存1年酒质已较为理想，如第八代五粮液、1618五粮液等基酒贮存期一般为3年左右，经典五粮液等年份酒的基酒贮存期长达10年以上。品质一直是五粮液的核心竞争力，高品质美酒已然成为五粮液长期占据白酒消费市场领军地位的不二法宝。2017年10月，五粮液启动了30万吨陶坛陈酿酒库一期工程项目，2018年10月正式开工建设。此举一步扩大了五粮液陈酿规模，在该项目建成后，五粮液所有基酒将贮存3年后再投放市场。

（七）勾调成醇：酒之成型

勾调是酿酒过程中一项必不可少的工艺，全世界高品质蒸馏酒都需要经勾调而成，勾调是一种平衡酒体，使之保持独有风格的专业技术。

1. 白酒成型的点睛

对于中国白酒来说，"生香靠发酵、提香靠蒸馏、成型靠勾调"。在长时间的酿造过程中，微生物的活性几乎不受控制，加之不同的生产班组、窖池、气候条件、设备条件、操作水平等许多因素的影响，导致不同车间、不同窖池、不同层次、不同生产时间等生产出来的白酒，所含主要微量成分的量和量比关系不会完全一致，所以表现在口感或者风格上就会产生差异，酒的品质各具特色，在风格特征上表现出各窖有异、坛坛有别的现象。

酒的勾调靠的是勾调师的经验、悟性，以及灵敏感觉，形成所谓的"差之一滴，失之千里"。在勾调的过程中还有非常多的神奇之处，同样的几种基础酒，由不同的勾调师可以勾调出不同特点的产品，越是强大的勾调团队，越能以市场为导向，充分发挥基础酒的最大优势，勾调出满足市场需求，口感、风味、品质俱佳的产品。"好酒＋好酒"不一定就能变成"好酒"，"勾调"既是一门技术，更是一门艺术，是酿酒生产环节中必不可少的画龙点睛之笔。要使酒符合品牌的传统风格、产品质量统一，"勾调"工艺必不可少。

2. 勾调技术的开创

20世纪50年代以前，整个酿酒行业只是进行着简单的混合，酿酒技师将不同酒坛子酒简单地混合到一起，或往酒坛子里加水。那时，五粮液酒厂范玉平还是库房保管员时，在管理酒库的过程中对不同的基酒进行的组合实践，发现不同风格的基酒通过合适组合后品质会更优。不断总结，终于在1953年首次创立了勾调技术，开创了中国白酒人工勾调技术之先河。

3. 勾调技术的发展

1953年，勾调技术诞生后，五粮液勾调技术人员继续钻研这门技术，在实践中不断总结、提高。1977年，中央商业部将"五粮液勾调技术研究"科研项目下达五粮液酒厂。1980年初，该项目研究工作正式启动。五粮液酒厂组织力量，采用气相色谱分析与感官尝评相结合，进行课题研究。根据项目任务和五粮液勾调工作的实际情况，范玉平与课题组同志（图3-3）决定，着重总结提高勾调技术，以科学指导勾调研究，探索酒与酒中微量成分之间的关系，作为主攻方向。经过3年的努力，圆满完成了中央商业部重大科学技术项目计划任务书中规定的全部研究任务，使勾调技术上升到运用理化数据与感官分析相结合的科学方法指导勾调的水平。20世纪80年代，五粮液与中科院共同成功研发计算机勾调专家系统，实现了勾调技术的计算机数据化。90年代，勾调技术已达到按产品标准、风格要求、消费者需要进行勾调处理细化工艺水平。

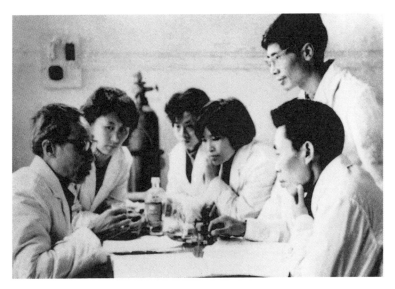

图3-3　范玉平（左1）与专家们讨论五粮液

GB/T 15109《白酒工业术语》对勾调做了明确定义：把具有不同香气、口味、风格的酒，按不同比例进行调配，使之符合一定标准，保持成品酒白酒特定风格的专门技术生产工艺。五粮液的勾调技术经过近70年的认识、摸索探讨、科技研究，总结形成为一套完整的工艺向外推广，并在实践中不断完善和提高，在行业中始终处于领先地位。

4. 勾调技术的认识

白酒勾调技术存在一些误解和片面认识。白酒勾调的最核心要素是"以酒勾酒"，追求纯粮固态蒸馏酒的风格品质，而不是添加使用食用酒精，更不是添加使用非自身发酵香精香料所能比拟和模仿的。

中国名优白酒都是纯粮固态酿造产品，白酒勾调是通过选用不同车间、不同窖池、不同生产时间段的基础酒，取长补短，以酒调酒，按统一标准和质量要求进行检验，最后按设计要求和质量标准对微量香味成分进行综合平衡的一种特殊工艺。

传统名优白酒香味成分研究≠添加非自身发酵产物。为了揭示白酒香味成分的秘密，通过几十年对白酒香味成分研究，利用现代先进分析技术，已经对白酒中的成分有了较多发现。像五粮液等名酒中已经检测出数千种香气成分物质，但仍有因峰重叠、含量甚微、香味阈值甚低的众多呈香呈味物质尚未解析。所有的这些已知和未知的白酒香味成分都是纯粮固态糟醅在发酵过程中通过酿酒微生物作用而自然产生的，具有自然的协调感。想通过参考已经测定出的白酒香味成分利用外加香精香料进行调配，从而代替名优白酒呈现的自然舒适复合香气及口感是不可能的。因为人工添加非自身发酵产物是不能跟纯天然酒体相融合的，不可能做到天然酒体那种自然感、舒适感及协调感。人为添加，只会不同程度拉低酒体品味。

长时期以来，网络上充斥着各种片面夸大的不实言论，诸如"现在的酒都是勾兑的，没法喝""浓香型白酒是浓香型香精勾兑""酱香型白酒是酱香酒香精勾兑""有酒厂生产从来不冒烟"等诸多谬论。究其原因，实质上是消费者对固态纯粮酿酒"酒酒勾调"与"非法添加"（如利用工业酒精充当食用酒精进行添加、将配制酒/露酒标准套用白酒标准等）造成概念的混淆和对勾调概念的误解。

（八）技艺精髓："匠心工艺"

五粮液在传承经典传统工艺的过程中不断总结、创新，形成了一套行业中久负盛名的传统酿造"1366"匠心密码，五粮液的"1366"指"一极、三优、六首创、六精酿"。

1. "一极"

"一极"是指五粮液酿造工艺最为复杂且相对极致。和其他香型以及其他浓香型白酒相比，五粮液酒酿造工艺流程最多、生产过程最为复杂、操作要求最为精细、操作技能要求最高、参数控制难度最大、入窖淀粉浓度最高、入窖酸度最高、入窖水分最低、入窖糟醅黏性最大、单轮次发酵周期长、季节影响大、生产成本高等特点，也造就了同行中最为极致和复杂的生产工艺条件。五粮液工艺复杂性还体现在开窖后的感官鉴定和"看糟配料"。"看糟配料"是五粮液传统生产工艺的核心，是结合季节、每口窖池糟醅发酵状况，按照"粮、糠、水、曲、温、酸、糟"七大要素之间的关系进行综合判断和配料的一项特殊技能。

2. "三优"

"三优"即环境优势、老窖池优势和匠人匠心优势。

环境优势——五粮液核心产区独特的气候、土壤、水源三位一体不可复制的生态环境孕育着一条微生物生态链，这条生态链见证了数千年的酿酒劳作，最终进化为适宜酿酒、适宜酿好酒的生态环境。

老窖池优势——五粮液古窖池群始于元明，距今已有700余年，是白酒行业唯一现存最早、规模最大、保存结构最完整、古法酿酒技艺传承最连续、使用时间最长的"活窖"群。更为可贵的是，这些古窖池从未间断发酵，在700余年持续不断的酿造过程中，窖泥中的微生物在窖池特殊的环境条件下不断发生着种群的进化，进而形成了独特的五粮液窖泥功能微生物菌群，通过与母糟接触并发酵产生了幽雅、丰富、自然、舒适、复合的香气组分，并最终赋予五粮液酒特有的"窖香"和绵甜口感。老窖池是五粮液的核心优势，具有不可复制和不可再生的稀缺价值。

匠人匠心优势——酿造五粮液除了宜宾的天时和地利，还具有相对极致且复杂的工艺条件，更加苛刻的技能要求，严谨繁杂的操作程序等，更加需要辛勤钻研的五粮液工匠。五粮液人恪守酿造技艺的"眼观、鼻闻、口尝、手触"等原则，致力于口传心授的"传帮带"、言传身教的师带徒、1+N的传承教育，以一生坚守的执着匠心、精湛匠艺和崇高匠品传承匠人匠魂。也正是凭借精益求精、耐心专注、专业敬业的"工匠精神"，成就了五粮液在行业中最为丰富的酿酒专业技术人才资源。

3. "六首创"

"六首创"即五粮配方、包包曲、跑窖循环、沸点量水、双轮底发酵和勾调双绝等六大五粮液首创工艺。

首创五粮配方——五粮液传承《陈氏秘方》，首创以高粱、大米、糯米、小麦、玉米五种粮食酿酒，五种粮食互相激荡、和谐交融，更能产生丰富的风味物质，为丰满醇厚的口感提供全面的物质基础。

首创"包包曲"——因中部隆起似包包状，得名"包包曲"。五粮液"包包曲"兼具中、高温曲的优点，正是有了"包包曲"，才能顺利地将宜宾得天独厚的酿酒自然资源充分转化为实实在在看得见的酿酒品质优势，造就独一无二的浓郁曲香，保证了五粮液"酒味全面"的独有品质。

首创跑窖循环——跑窖法是五粮液独创的酿酒工艺，就是取出一口窖池发酵完毕的糟醅，经过配料、蒸馏取酒、糊化、打量水、摊晾冷却、下曲粉后装入另一口相邻或相近的窖池发酵，而不将发酵糟醅放回原窖，如此反复循环。当然在实际生产中需要同时打开多口窖池，以此类推，周而复始，窖池中的糟醅通过不断变换发酵窖池进行循环，最终得以形成浓香型白酒特有的"万年糟"。

首创沸点量水——20世纪90年代初，五粮液创新性提出"沸点量水"。该方法是将出甑糟醅倒在摊场上收拢，立即加入一定量的接近100℃的沸水，堆闷几分钟后再摊晾的过程。"沸点量水"能够促进刚蒸酒蒸粮完毕的出甑糟醅中粮食对水的吸收性能，更好地起到糊化、糖化作用，为后续入窖良好发酵奠定了基础，这样酒体更醇厚、醇和、醇正、醇甜、异杂味少。

首创双轮底发酵——20世纪60年代，五粮液在偶然情况下发现延长窖底糟醅的发酵时间有利于提高酒质，通过反复实践，在开窖后，将大部分已经发酵70天的糟醅取出蒸馏摘酒，而窖池底部的少部分糟醅（一般1～2甑）不取出蒸馏，留在原位置继续再次发酵70天，由于窖底这部分糟醅进行了2个轮次的发酵周期，总的连续发酵时间达到140天，所以叫"双轮底发酵"工艺。"双轮底发酵"工艺是有意识、选择性把窖池底部部分糟醅的发酵期延长一轮，使酸醇酯化等更加充分，有利于香味物质的大量生成与积累。这已经被实践证明是生产优质调味酒、显著增加酒体香浓感的一种有效措施，在全国浓香型白酒范围内得到了大规模应用。

首创勾调双绝——20世纪50年代，范玉平首创了"烘托、缓冲、平衡"的人工勾调技术。80年代，五粮液与中科院共同成功研发了《五粮液酒计算机勾调专家系统》项目，将感官技术和计算机有机结合起来，准确计算出微量成分之间的量比关系。计算机与传统人工勾调技术的完美结合，形成的成品酒调配技术大幅度提升了勾调效率和产品质量，被业界誉为"勾调双绝"。

4. "六精酿"

"六精酿"即分层入窖、分层起糟、分层蒸馏、量质摘酒、按质并坛、分级陈酿六个精酿流程。

分层入窖——分层入窖就是保障各层次入窖糟的水分、酸度、淀粉含量及物理结构需满足相应的工艺要求和感官要求，为不同层次窖池微生物创造针对性的适宜发酵环境。每入一层糟醅，根据环境温度、糟醅的结构对入窖糟醅进行不同程度的踩窖，起到调控糟醅疏松度和糟醅空隙中的含氧量的作用，这对糟醅发酵过程十分有利。

分层起糟——分层起糟是五粮液生产工艺中的核心技术，是基于窖池的生物多样性特征和差异而实施的追求个性特征的品质细分过程。分层起糟是为了保障不同窖池、同一口窖池不同层次发酵特征不同的糟醅不被混合均质、不被相互干扰。

分层蒸馏——与分层入窖、分层起糟一样，分层蒸馏也是强调保留个性化特征、细分品质的关键工序，避免了同一口窖池不同层次的糟醅混杂而可能导致的全窖酒质下降。分层蒸馏要求对不同层次发酵糟醅实施单独蒸馏，以保障后一轮发酵过程中不同层次糟醅具有不同的物理化学结构来匹配、适应窖池不同层次微生物的作用。

量质摘酒——在蒸馏中，不同时间段、不同乙醇度、不同馏出物的品质特征也不同，因此需要对馏出物进行"量质摘酒"操作。经过"掐头去尾"，眼观之、鼻嗅之、口尝之，感悟各段酒液瞬息万变的色、香、味细微差别，及时分段分质摘取，以保障基酒品质被有效细分，为酒体设计奠定基础。

按质并坛——按质并坛是酿酒技师根据相近相似、相生相克、平衡协调的原理，将来源于不同窖池、不同层次糟醅、通过量质摘酒区分出的各具特色的基酒，针对性地实施初级勾调组合，使之初步具有五粮液的典型风格，同样也是为酒体设计奠定基础。

分级陈酿——五粮液采取的分级、分类、分空间陈酿，相对成本很高，但最大限度地保障了不同来源基酒和多种调味酒的个性特征，为成品酒生产"优中选优、好中选好"奠定了基础。

科研·创新篇

（一）科创体系：领跑行业动力源

"科学技术是第一生产力"，五粮液始终坚持"科技兴业，质量增效"的方针，不断通过外部引才、内部挖才，持续推进企业的科技核心竞争力。

以五粮液酒计算机勾调专家系统、窖泥老熟技术、"双轮底"发酵技术等大批创新技术，持续提升和丰富五粮液酒酿造的精湛技艺；以"生命型企业"创新理念引领，通过生态化生产方式和"丢糟"变资源、"黄水"变乳酸、酿酒废水成能源、酿酒副产品规模化萃取呈香味物等自创污染源变资源技术与装置，不断衍生出新的产业，形成循环经济闭环，成就"十里酒城"优美酿制环境。

为了实现公司不断提升的战略规划，落实向世界500强迈进的目标要求，五粮液依托国家认定企业技术中心的创新体系，努力打造健康、创新、领先的世界一流酒类企业（如图4-1所示）。五粮液历届公司领导既是技术创新的管理者又是参与者，每年企业技术创新专项资金占销售总额1%以上，2018年成立五粮液科学技术协会。

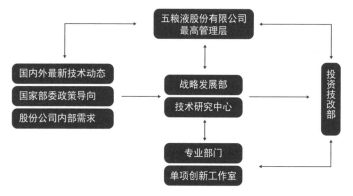

图4-1　五粮液公司科技创新体系

公司持续加强创新科研平台建设，打造高层次科技人才的"聚宝盆"。搭建专业化、规范化、创新型的高水平科研平台，为高层次人才发展构筑平台支撑（如表4-1、图4-2、图4-3所示）。公司不断加大创新研发投入，提升科技创新能力，购置超过8000万元的科研设备，包括高通量测序仪、全二维气质色谱仪、同位素质谱仪、三重四极杆气质联用仪、高效液相色谱质谱联用仪等一系列全新研发设备。目前公司拥有3个国家级科研平台和4个省部级科研平台。

表4-1 五粮液科研平台建设

建立时间	研发平台名称
2000年	五粮液集团博士后科研工作站
2007年	川酒发展研究中心
2009年	国家级企业技术中心
2014年	固态发酵资源利用四川省重点实验室
2016年	中国轻工业浓香型白酒固态发酵重点实验室
2017年	赵东白酒酿造技能大师工作室
2018年	中国白酒学院、五粮液白酒学院
2019年	四川省固态发酵白酒酿造工程研究中心
2019年	五粮液院士工作站
2019年	国家白酒产品质量检验检测中心（四川）
2019年	四川省酿酒专用粮工程技术研究中心
2020年	国家酒类品质与安全国际联合研究中心

图 4-2　中国白酒学院

图 4-3　五粮液院士工作站

1. 五粮液集团博士后科研工作站

五粮液集团博士后科研工作站于2000年获得国家人事部（人发〔2000〕112号）批准建设。建站至今，已形成了一批以教授级高级工程师、酿酒大师、白酒大师等为主的专家学术团队。开展的研究课题涉及生物工程、企业传媒、企业金融、企业创新等领域，其涉及的研究内容紧扣公司未来发展方向。与公司联合培养博士后的高校有清华大学、北京师范大学、四川大学、北京工商大学、江南大学、华东理工大学等国内知名高校。

2. 国家级企业技术中心

国家级企业技术中心是为促进和发挥企业在技术创新中的主体作用，建立健全企业主导产业技术研发创新的体制机制，由国家发改委、科技部、财政部、海关总署、税务总局联合认定的，在很大程度上反映了企业的技术创新力。五粮液始终坚持以技术提升品质、以品质促进生产，将科技视为企业勇立潮头的核心竞争内涵。早在1988年就成立了五粮液酒厂科研所，1999年五粮液酒厂科研所更名为宜宾五粮液股份有限公司技术中心，1999年经四川省政府批准成立省级企业技术中心，2009年经国家发改委等五部委批准成立国家级企业技术中心（以下简称：技术中心）。2013年以来，在国家发改委牵头两年一次的严苛考核评价中，技术中心均以优良成绩顺利通过考评，特别是2021年，技术中心以82.3分居参评酒类企业技术中心榜首。

技术中心设立有技术创新委员会、专家委员会，在专家委员会的指导下，对科研项目予以评审。中心技术力量雄厚，截至2021

年，拥有享受国务院政府特殊津贴21人、博士（后）21名、中国酿酒大师4名、教授级高级工程师25名、高级工程师337名、工程师和高级技师2500余名。拥有8000万元以上酿酒行业最先进的科研设备仪器。

目前，技术中心在实施技术开发和课题项目研究方面，采取自主开发为主、协作开发为辅，引进先进技术为补充的指导思想，创立了自己的核心技术。不断利用新技术、新工艺、新材料、新设备结合企业实际进行研究开发，先后获得了数十项科研成果，为公司高速发展提供了强有力的技术支撑。先后被授予"食品工业科技进步优秀企业八连冠"、"中国白酒169计划"科研中心和"中国酒业科技突出贡献奖"等荣誉。

3. 重点实验室

固态发酵资源利用四川省重点实验室由宜宾五粮液股份有限公司和宜宾学院联合共建，于2014年7月获四川省科技厅批准成立。实验室立足四川省固态发酵资源，以塑造技术创新领军人物，培育有影响力的专家，服务白酒产业、酱腌菜产业和发酵调味品产业为目标，主要从事固态发酵微生物资源利用、固态发酵功能风味物质利用、固态发酵废弃物资源化利用等方面的研究。近年来，在白酒微生物制曲和废弃物资源化利用方面有重大突破，已有不少成果进入中试和应用示范阶段。

中国轻工业浓香型白酒固态发酵重点实验室是依托宜宾五粮液股份有限公司，联合江南大学和四川大学共同建设的高层次研究平台，于2016年7月被中国轻工业联合会首批认定。实验室立足于我国浓香型白酒固态发酵领域，围绕浓香型白酒固态发酵开展微生物资源研究及应用、功能风味物质研究及应用、废弃物资源化利用、酒类食品风险评估、酿酒智能化技术研究及应用、酒类分析技术研究及应用、酿酒新工艺研究及应用等七个方向的研究，并根据行业及实验室的发展不断拓宽研究领域。

4. 研究中心

2019年9月19日，国内首家省级酿酒专用粮研究平台——四川省酿酒专用粮工程技术研究中心正式挂牌成立。四川省酿酒专用粮工程技术研究中心由宜宾五粮液股份有限公司、四川轻化工大学、西科种业联合共建，集产学研于一体，聚焦酿酒专用粮领域高质量发展，着力解决重大关键性、基础性和共性技术问题，打造业内顶级的技术支撑体系和工程化的技术研究开发能力，建设由工业+农业+科学技术力量为支撑的样板型平台。

目前，中心组建了由五位院士、八位国内知名专家教授组成的学术委员会，针对五粮液组建了五个研发课题攻关组，联合九个科研院所，将以酿酒专用粮为导向，以科技为支撑，以优质资源为依托，协同创新发展，推动白酒原料检测体系、专用粮品种研发与优质原料基地建设，着力提升科技创新能力和成果转化能力，为川酒品质提升、安全有机酿酒专用粮全产业链建设提供系统完善的解决方案。通过研发平台的建设，公司有效地将企业技术创新战略具体化，持续提升了从原料育种、生产研发到质量管控的产品全链条技术创新能力，进一步保障白酒品质提升。

2019年9月25日，宜宾五粮液股份有限公司获四川省发改委批准，建设四川省固态发酵白酒酿造工程研究中心。公司拟投入2767万元，开展工程研究中心的建设工作，建设地址在五粮液生产园区，面积约4000 m²。中心主要围绕固态白酒绿色酿造生物工程研究、固态白酒酿造装备研究、固态白酒酿造循环经济研究、固态白酒绿色酿造设计与规划研究等四个方向，形成四个工程研究平台，对今后公司的固态白酒发酵绿色酿造，建设环境友好型企业起到强力的推进作用；同时，对行业的节能、降耗、减排，实现资源综合利用，降低固态发酵白酒生产成本，提高优质品率都将起到示范、推动作用。

5. 国家酒类品质与安全国际联合研究中心

2020年5月，经科技部国际合作司审批认定，宜宾五粮液股份有限公司增加为"国家酒类品质与安全国际联合研究中心"的依托单位之一，将与中国食品工业发酵研究院共同推动提高白酒科研技术创新水平，促进蒸馏酒技术创新国际化交流与合作。

国家酒类品质与安全国际联合研究中心（ICAB）（图4-4）是科技部正式认定的"国家级国际联合研究中心"[国科发外(20130597号)]，是国内食品发酵酿造行业唯一的国家级国际联合研究中心，中心联合德国柏林酿酒学院（VLB）、英国国际酿造与蒸馏酒研究中心(ICBD)、苏格兰威士忌研究院(SWRI)、法国干邑管理局(BNIC)、俄罗斯伏特加研究院(RVDI)、墨西哥龙舌兰研究院(MTRI)、荷兰瓦赫宁根大学(HWNU)、英国帝国理工大学(ICL)、英国剑桥大学(CAM)、美国酿造化学家协会(ASBC)、英国诺丁汉大学(NDU)等国外科研机构，从事蒸馏酒、啤酒、葡萄酒等酒种品质与安全研究，为中国白酒走向世界提供高水平学术交流平台。目前，中心已成为国内国际大型酿酒集团的技术后盾和支撑力量，为中国酿酒行业科研和科技成果转化，发挥着重要的引领示范作用。

图 4-4　国家酒类品质与安全国际联合研究中心

（二）微生物群：不可复制微生态

以粮谷为原料，酵母菌、霉菌和细菌等多菌种参与的复杂固态微生物发酵是形成白酒独特风味的核心，与国外蒸馏酒液态发酵相比，自然接种的微生物种类多、功能繁、协同强，尤其是以五粮为原料的酿造工艺，不同原料配比、不同投窖温度、不同酿制季节，为其酿制解密带来了极大科学挑战。

1. 环境的天然赋予

环境微生物对传统白酒酿造有
着不可忽视的影响，空气中微生物
随时与窖泥、糟醅、曲醅中微生物
发生相互交换，富集驯化成特有的
微生物菌群。

宜宾特殊的生态环境提供了
五粮液酿造优势微生物菌群（如
图4-5所示），五粮液酿酒核心园
区内酿酒功能微生物多样性大于园
区外。五粮液酿酒园区及周边空气
中共检出原核微生物（细菌、放线
菌）458个属，真核微生物（霉菌、
酵母）329个属，共787个属的微
生物。

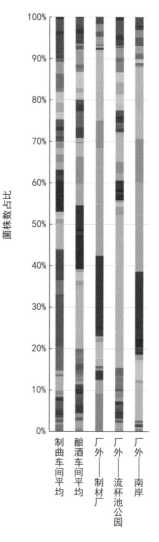

图 4-5　五粮液酿酒园区的微生物群落分析

2. "包包曲"的菌接种

白酒酿造大曲不仅在酿酒过程中起到糖化发酵作用，在制曲过程中产生的香气成分或香气前体物质对白酒风味的形成有着重要的影响。"包包曲"是五粮浓香制曲生产工艺中的一大特色，采用纯小麦制曲。"包包曲"相比普通大曲有更大的比表面积，有利于大批量曲坯堆放时通风、散热，为微生物提供适宜的生长条件，使曲坯内外微生物的菌体生长均匀、健壮。"包包曲"外紧内松的结构特点，使热量、水分和氧气含量等参数从曲块外部到内部呈梯度分布，造成大曲不同部位微生物群落多样性。

研究发现，在"包包曲"中共检出22门的原核微生物，包括：广古菌门（Euryarchaeota）、酸杆菌门（Acidobacteria）、放线菌门（Acinobacteria）、装甲菌门（Armatimonadetes）、拟杆菌门（Bacteroidetes）、衣原体门（Chlaiae）、绿弯菌门（Chloroflexi）、蓝细菌门（Cyanobacteria）、芽单胞菌门（Gemmatimonadetes）、厚壁菌门（Fimicutes）、梭杆菌门（Fusobacteria）、变形菌门（Proteobacteria）、螺旋体门（Spirochaetes）、互养菌门（Synergistetes）、软壁菌门（Tenericutes）、疣微菌门（Verrucomicrobia）等。绝大部分序列可归类到260属（细菌255属，古菌5属）中，优势科属细菌包括*Corynebacterium*、*Staphylococcus*、*Lactobacillus*、*Leuconostoc*、*Bacillus*等（如图4-6所示）。"包包曲"中真核微生物菌群检出了子囊菌门（Ascomycota）、担子菌门（Basidiomycota）、壶菌门（Chytridiomycota）、球囊菌门（Glomeromycota）、结

合菌门（Zygomycota）等。优势科属真菌为*Thermoascus*、
Emericella、*Aspergillus*、*Eurotium*、*Candida*、*Pichia*、
Saccharomycopsis、*Rhizomucor*等。

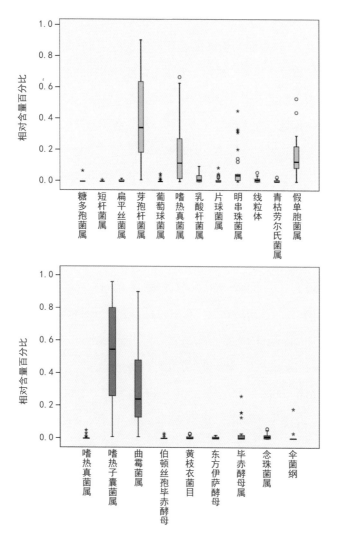

图 4-6　五粮液"包包曲"培养过程中优势菌群的变化

以"包包曲"作为糖化发酵剂，不同温度下形成不同的菌系、酶系，有利于酯化、生香和香味物质的累积，特别对产生陈味有独到功用。

3. 古窖泥的菌传递

五粮液古窖池经过长期酿酒发酵逐渐富集微生物形成了特有的微生态环境，使古窖池里酿酒微生物得以稳定生长、繁殖、代谢，形成了数百种数以亿万计的酿酒微生物构成的生态系统。"千年老窖万年糟，酒好还需窖池老"，所以古窖也成为了浓香型白酒的稀缺资源。

泥窖窖池，窖池四壁和底面均黏附有老窖泥，由于窖池内窖泥与糟醅长期接触，在糟醅的浸润下，窖泥吸收了大量的酸、酯、醇等营养物质，供给窖泥中栖息的微生物生长、繁殖，糟醅发酵时，窖泥中的微生物又进入糟醅中增殖代谢。糟醅中的特殊风味成分在长期不间断续糟发酵过程中不断积累，糟醅与窖泥的长期互动形成了"以糟养窖，以窖促糟，糟窖互养"的良好生态环境。一直未停止过发酵的老窖窖泥中的微生物群落，为微生物种类、繁衍、生物链构成，提供了极为宝贵的研究载体和渠道，使人们更好地弄清微生物发展历史、把握微生物发展规律成为可能。

20世纪60年代起，五粮液与中国科学院成都生物研究所、四川省食品研究院等开展合作，对窖泥微生物进行研究，并从五粮液古窖泥中分离到梭状芽孢杆菌（己酸菌）、甲烷杆菌，并率先诠释了己酸菌、甲烷菌共栖发酵机理，为以后的人工窖泥发酵技术提供了理论支撑。

1966年，五粮液酒厂与四川省食品工业研究所合作，剖析新老窖泥的主要成分，通过合理配料，补足营养成分，并采用老窖泥培养液混种发酵等手段，实施"人工培窖、新窖老熟"，1967年在南岸车间进行的改窖试验，取得了较好的效果。

1975年，内蒙古轻化工科学研究所的科研团队在全国率先展开了窖泥微生物己酸菌种类的研究，从五粮液优质老窖泥中分离得到了优良的己酸菌菌株（编号：内蒙古30#），并进行了广泛研究。

1985年，五粮液科研团队采用现代微生物技术，研究成功了窖泥大规模快速陈化的方法，大大提高了万吨级酿酒车间新建窖池产酒优质品率，为五粮液的生产规模迅速扩大奠定了重要的技术基础。

1987年中国科学院成都生物研究所从五粮液老窖泥中分离到己酸菌 W-1#，并在邛崃丹凤酒厂和成都九里春酒厂将该菌用于培养窖泥，提高了酒质。基于此重要发现建立起来的人工窖泥技术，极大地推动了浓香型白酒酿造工艺在全国的推广。

1991年，中国科学院成都生物研究所采用传统培养技术比较五粮液新老窖泥的微生物菌群差异，发现老窖泥中厌氧异养菌、甲烷菌、己酸菌的数量明显多于新窖，尤其是新窖泥中未检出甲烷菌，这些菌群随窖池上、中、下层的顺序而递增。

在前期理论研究的基础上，五粮液酒厂从元明时期老窖泥中分离出有益复合功能微生物，并利用现代生物工程技术进行应用，为酒厂创造了巨大的经济效益。

五粮液的研究团队随后采用了一系列的传统分离手段，从古窖泥中分离得到了可降解乳酸和正丙醇的微生物菌株（*Arthrobacter protophormiae*）、耐酸酵母菌等多种新功能菌株。近年来基于高通量测序技术的微生物组学技术被引入窖泥微生物研究领域，这才让人们认识到之前对于窖泥微生物的理解只是冰山一角。

2017年，五粮液科研团队采用高通量测序手段调查了五粮液不同类型窖泥的原核微生物群落结构与多样性（如图4-7所示），发现窖泥原核微生物330个属原核微生物，细菌占92.3%，古菌占7.6%。厚壁菌门（Fimicutes）是绝对优势菌群（85.6%），共检出74个属。五粮液窖泥中蕴藏了显著区别于其他浓香型白酒窖泥的原核微生物群落，尤其是群系复杂的厚壁菌门细菌、较高丰度的产己酸菌群和促进己酸生成的甲烷菌群。

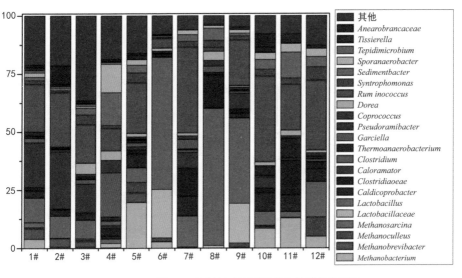

图 4-7　五粮液窖泥原核微生物群落的解析

2021年8月，五粮液科研团队联合江南大学协同攻关，对我国四川、江苏、安徽等主要浓香型白酒产区的窖泥主体己酸菌进行了微生物生态学和比较基因组学解析，经过多年的研究探索，成功破译了大国浓香核心奥秘。研究团队从五粮液老窖泥中分离得到了一株以葡萄糖和乳酸为碳源的主体己酸菌，并命名为*Caproicibacterium* sp. JNU-WLY1368。继上述重要发现之后，2022年1月，由江南大学和五粮液联合发现菌株*Caproicibacterium* sp.JNU-WLY1368所代表的新物种，按照微生物新物种命名国际规则，被正式命名为"解乳酸己小杆菌"，对应微生物分类学学名为*Caproicibacterium lactatifermentans*。该己酸菌物种名称及其全基因组序列已被各大国际原核微生物分类学数据库收录。

（三）风味分析：白酒风格深探索

白酒中主要成分为乙醇和水，二者总量约占到98%～99%，而其余的微量成分则不到2%，但正是这不到2%的微量成分构成了白酒的典型性和风格。通过白酒微量成分的剖析，可以看出白酒的各种微量成分的定性种类差异不大，但是在量比关系上差异甚大，正是这种差异构成了白酒的不同香型和风格特点。白酒风味物质已发现的有数千种，种类包括醇、酯、醛、酮、酸、呋喃、吡嗪、含硫化合物、羰基化合物、酚类、醚类等。不同香型的白酒根据含量的多少，划分出色谱骨架成分、协调成分、微量复杂成分。在20世纪60年代开始使用气相色谱仪分析白酒成分，找出浓香型白酒、清香型白酒、米香型白酒以及其他部分香型白酒的主体香或特征成分；90年代后，白酒中微量成分的分析全面进入色谱仪时代；最新的研究设备包括单四极杆气质联用仪、三重四极杆气质联用仪（如图4-8所示）、全二维气相色谱-飞行时间质谱仪（如图4-9所示）、液质联用仪（如图4-10所示）以及高分辨质谱仪等先进的分析设备。

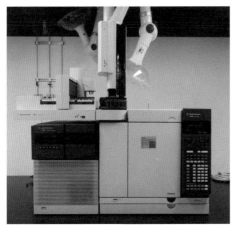

图 4-8 三重四极杆气质联用仪

图 4-9 全二维气相色谱-飞行时间质谱仪

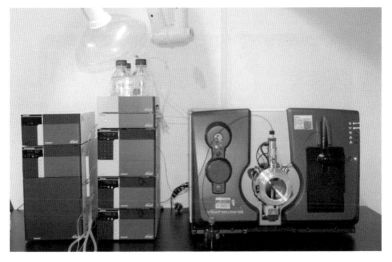

图 4-10 液质联用仪

1. 风味物质的来源

五粮液酒具有"香气悠久、味醇厚、入口甘美、入喉净爽、各味协调、恰到好处，尤以酒味全面而著称"的独特风格特征。五粮液酒中风味物质来源于原料、酒曲、窖泥、蒸馏以及陶坛陈酿等过程。

（1）酿酒原料中的风味物质

原料是酒类酿造的基础，经处理后的原料不仅为发酵过程中微生物的新陈代谢提供营养物质，同时其中含有的大量香气前体物质和功能成分等显著影响产品的风味。作为酿造白酒的基础物质，据报道，五粮原料中共鉴定出179种香气物质，主要为醇类、醛类、酯类、酮类、呋喃类及芳香族类化合物。醇类、醛类、酯类、酮类、呋喃类及芳香族类化合物是五粮粉中的优势组分。五粮粉蒸馏出的香气成分多具有甜香和果香，其中，2，3-丁二酮、己醛、正己醇、棕榈酸乙酯及2，3-二氢苯并呋喃等物质的含量较高，是重要的风味成分（见图4-11）。

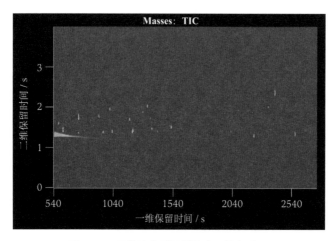

图 4-11　五粮液典型酒样的全二维色谱图

（2）大曲中的风味物质

利用固相微萃取-全二维气相色谱-飞行时间质谱法研究五粮液"包包曲"发酵过程中的挥发性成分，共鉴定出209种挥发性成分，以醇类、芳香类、醛类、吡嗪类、酮类为主，分别检出34种、30种、22种、21种、26种，除此之外，还有酸类、呋喃、含硫化合物、酯类等物质被检出。如图4-12所示，（Ⅰ）中主要的物质包括戊醛、己醛、2-戊醇、正丁醇、2-庚酮、正戊醇和己酸乙酯；（Ⅱ）中主要的物质是吡嗪类物质，包括2，3-二甲基吡嗪、2，6-二甲基吡嗪、三甲基吡嗪、四甲基吡嗪等；（Ⅲ）中主要的物质包括芳香族和内酯类，如苯乙醛、苯乙醇、4-乙烯基愈创木酚等。

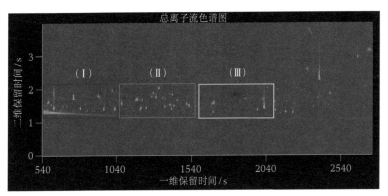

图4-12　五粮液"包包曲"的独特"曲香"风格

（3）窖泥中的风味物质

窖泥是浓香型白酒功能微生物的重要生长载体，在长期不间断的发酵过程中，窖泥中的微生物利用糟醅中的营养成分代谢产生酯类等风味物质。据报道，已在五粮液糟醅和窖泥中定量出了97种香气化合物，包括57种酯、10种酸、12种醇、3种醛酮、12种芳香族化合物和3种其他成分（如图4-13）。

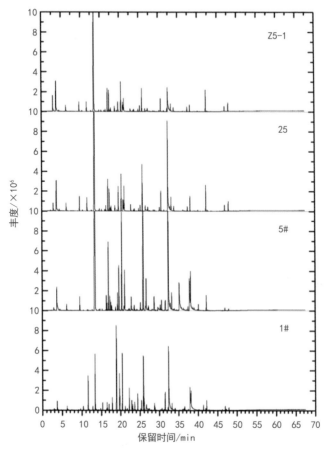

图 4-13　五粮液糟窖互养形成独特的"窖香、糟香"风格

2. 酒体风格的解析

蒸馏操作中，糟醅中的乙醇和香气成分经过浓缩而进入到白酒馏出液中，形成了具有典型风味特征的基酒。蒸馏过程也是白酒风味得以最终呈现的必不可少的阶段。五粮液基酒的陈酿是在陶坛中进行的，陈酿周期3年左右，酒中的微量风味成分经过复杂的缔合

过程，使各微量风味成分达到平衡、协调、稳定。同时，陈酿过程中也会有一定的氧化还原化学反应，促进酯类、缩醛类等物质的产生，而这些物质是酒香的重要来源（表4-2）。

表4-2　五粮液独特的呈香呈味物质

香气化合物	香气描述	香气化合物	香气描述
乙酸乙酯	菠萝香	乙酸	酸味，醋酸
丙酸乙酯	香蕉味，水果香	丙酸	醋酸
2-甲基丙酸乙酯	水果香，甜香	2-甲基丙酸	酸味，馊味
乙酸异丁酯	花香，水果香	丁酸	馊味，奶酪味
丁酸乙酯	菠萝味	2-甲基丁酸	酸味，馊味
2-甲基丁酸乙酯	浆果味，水果香	3-甲基丁酸	馊味，酸味
3-甲基丁酸乙酯	苹果香	戊酸	汗臭，馊味
戊酸乙酯	苹果香	4-甲基戊酸	汗臭，酸味
2-甲基戊酸乙酯	水果香	己酸	汗臭，奶酪味
己酸甲酯	花香，水果香	庚酸	汗臭
己酸乙酯	水果香，花香，甜香	辛酸	汗臭，奶酪味
乙酸己酯	水果香，花香	1-丁醇	刺激性味道，醇味
丁酸异戊酯	花香，水果香	2-丁醇	水果香
乙酸异戊酯	水果香	2-甲基丙醇	酒香，溶剂
己酸丙酯	菠萝味，甜香	2-戊醇	水果香，醇香
庚酸乙酯	水果香	1-丁醇	辣味，醇味
2-羟基丙酸乙酯	水果香	2-甲基丁醇	溶剂味
己酸异丁酯	苹果味，甜香	3-甲基丁醇	水果香，指甲油味
己酸丁酯	菠萝味，水果香	1-戊醇	水果香，塑料味

续表

香气化合物	香气描述	香气化合物	香气描述
2-羟基-3-甲基丁酸乙酯	花香	2-庚醇	水果香
环己甲酸乙酯	水果香，花香	1-己醇	花香，青草香
戊酸异戊酯	水果香，花香	2-乙基-1-己醇	玫瑰花香，青草香
辛酸乙酯	水果香	2-苯乙醇	玫瑰花香，蜂蜜味
己酸异戊酯	水果香，苹果香，青草味	苯甲醛	水果香，浆果香
3-甲基丁酸戊酯	水果香	苯乙醛	花香，玫瑰花香
2-羟基己酸乙酯	花香，茉莉花香	苯甲酸乙酯	水果香
己酸己酯	苹果香，桃子香	苯乙酸乙酯	玫瑰花香，蜂蜜味
癸酸乙酯	水果香，葡萄味	乙酸苯乙酯	玫瑰花香，花香
己酸戊酯	水果香	苯丙酸乙酯	水果香，花香
壬酸乙酯	水果香	丁酸苯乙酯	水果香
辛酸异戊酯	水果香，菠萝味	2-羟基苯丙酸乙酯	山羊味，烟熏味
己酸庚酯	水果香	1，2-二乙氧基-3-甲基苯	甜香，糖浆味
丁二酸二乙酯	水果香，甜香	γ-辛内酯	椰子香，水果香
十二酸乙酯	甜香，水果香	γ-壬内酯	甜香，椰子香
2-乙酰基吡咯	草本香，西药味	2，6-二甲基吡嗪	坚果味
二甲基硫	洋葱味	2-乙基-6-甲基吡嗪	坚果味，烘烤味
二甲基二硫	洋葱味，卷心菜	2，3，5-三甲基吡嗪	烘烤味，坚果味
二甲基三硫	烂白菜味，硫黄味	2，5-二甲基-3-乙基吡嗪	烘焙香，烘烤香

续表

香气化合物	香气描述	香气化合物	香气描述
3-甲硫基丙酸乙酯	米香，甜瓜香	2，3，5-三甲基-6-乙基吡嗪	烘焙味
乙缩醛	水果香	3，5-二甲基-2-丁基吡嗪	烘焙香，烘烤香
2-甲基丙缩醛	水果香	3，5-二甲基-2-戊基吡嗪	烘焙香，烘烤香
2-甲基丁缩醛	水果香	苯酚	西药味
3-甲基丁缩醛	水果香	4-甲基愈创木酚	甜香，糖浆味
己缩醛	花香	4-乙基愈创木酚	丁香，辛辣味
1，1，3-三乙氧基丙烷	水果香，蔬菜味	4-甲基苯酚	动物臭，酚味
1，1-二乙氧基-2-苯基乙烷	水果香	4-乙基苯酚	烟熏味
2-甲基丙醛	青草香	2-乙酰基-5-甲基呋喃	烘烤香
3-甲基丁醛	青草香，麦芽香	2-糠酸乙酯	塑料味
1-辛烯-3-酮	蘑菇味	糠醇	焦糖味
2-丁基呋喃	水果香	丁酸糠酯	甜香，焦糖味，水果香
糠醛	坚果味，生花生味	己酸糠酯	焦糖味，水果味
2-(二甲氧基甲基)呋喃	甜香，杏仁味	二氢呋喃酮	米香，脂肪味
2-乙酰基呋喃	甜味，焦糖香	5-甲基-2-糠醛	青草香，烘烤味
乙酸糠酯	焦糖味，甜香		

2022年2月，由五粮液风味科学国际联合实验室完成的风味研究论文 "Volatile Analysis of Wuliangye Baijiu by LiChrolut EN SPE Fractionation Coupled with Comprehensive GC×GC-TOFMS(利

用 LiChrolut EN 联合全二维气相色谱-飞行时间质谱对五粮液风味的全面解析)"在 Molecules(分子, IF 4.411, Q2 区)杂志发表（图4-14）。该研究采用了 LiChrolut EN 固相萃取技术对第八代五粮液风味成分进行系统的提取与分馏，再利用全二维气相色谱-飞行时间质谱分析了白酒中的风味成分。首次获得了第八代五粮液中从骨架到痕量、从极易挥发性到难挥发性、从非极性到极性等物质的十分清晰的指纹图谱（图4-15）。从第八代五粮液中检测出超过3000种化合物，并在此基础上采用了系统、科学的物质鉴定技术，目前已分析发现700种风味成分对五粮液馥郁香气具有贡献作用，其他成分风味贡献度、生理功能等正在进一步研究中。此次研究取得的新突破，进一步完备了五粮液特征风味成分数据库。

Article

Volatile Analysis of Wuliangye Baijiu by LiChrolut EN SPE Fractionation Coupled with Comprehensive GC×GC-TOFMS

Jia Zheng [1,*], Zhanglan He [1], Kangzhuo Yang [1], Zhipeng Liu [1], Dong Zhao [1] and Michael C. Qian [2,*]

[1] Flavor Science Innovation Center, Technology Research Center, Wuliangye Yibin Co., Ltd., 150# Minjiang West Road, Cuiping District, Yibin 644000, China; hezhanglan@wuliangye.com.cn (Z.H.); yangkangzhuo@wuliangye.com.cn (K.Y.); liuzhipeng@wuliangye.com.cn (Z.L.); zhaodong@wuliangye.com.cn (D.Z.)
[2] Department of Food Science and Technology, Oregon State University, Corvallis, OR 97331, USA
* Correspondence: zhengwanqi86@163.com (J.Z.); michael.qian@oregonstate.edu (M.C.Q.)

Abstract: Wuliangye baijiu is one of the most famous Chinese liquors with a protected geographical indication. This study used LiChrolut® EN-based solid-phase extraction (SPE) and fractionation combined with comprehensive two-dimensional chromatography-time-of-flight mass spectrometry (GC×GC-TOFMS) to unveil its volatile composition. The volatiles were isolated with LiChrolut® EN-based SPE and traditional liquid-liquid extraction (LLE). The neutral/basic fractions from LLE and the SPE were fractionated on a LiChrolut® EN SPE column and analyzed by comprehensive GC×GC-TOFMS. Compared with LLE, more esters and alcohols were detected in the SPE-based extraction. The SPE fractionation and GC×GC-TOFMS analysis resulted in the identification of about 500 volatile compounds in more than 3000 peaks of the Wuliangye baijiu. The approach simplifies the complex baijiu composition into functional group-based fractions for reliable identification and analysis. This study provided a confidence volatile identification approach for Chinese baijiu based on the SPE fractionation GC×GC-TOFMS.

Citation: Zheng, J.; He, Z.; Yang, K.; Liu, Z.; Zhao, D.; Qian, M.C. Volatile

图 4-14 论文封面

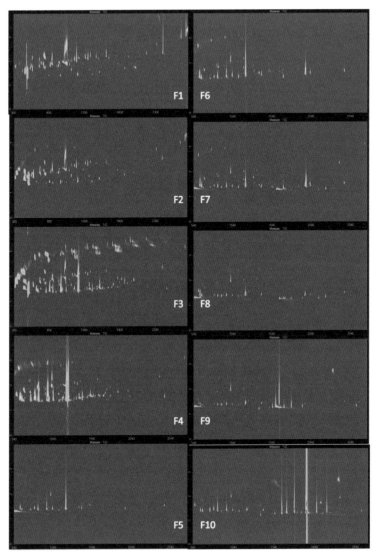

图 4-15　五粮液风味指纹图谱

　　以往研究中普遍采用普通一维气相色谱质谱对白酒进行风味分析，最多发现了 1700 多种化合物；本研究创新了白酒风味萃取、分馏和鉴定方法体系，从第八代五粮液中首次检测到超过3000种化合物，再次印证了多种粮食配方、独特的酿造生态地理环境以及复杂的酿造技艺赋予五粮液酒味全面、馥郁的独特酒体特征。

一直以来，五粮液始终坚持以创新"动能"提升发展"势能"，锻造品牌发展新动能。第八代五粮液指纹图谱的公布，是公司风味科学研究团队继在ACS发表专著、ACS和Weurman等系列国际会议、Molecules发表分馏新方法等后的又一重要成果。其将为行业酒体风味研究提供可借鉴的新思路、新做法，对促进全球消费者对五粮液独特风味的深入认知和中国白酒产业科研水平的认同，具有积极的意义和作用。

（四）功能解析：健康功效全阐释

中医认为酒能舒筋活血、祛湿御寒。《黄帝内经》中讲"酒类，用以治病"。《本草纲目》中讲适量饮白酒可"消冷积寒气、燥湿痰、开郁结、止水泻"。科学研究表明，适量饮用白酒能有效刺激大脑和中枢神经，起到消除疲劳的作用，可以松弛神经；具有舒筋活血的功效，还能够活血化瘀；具有开胃消食的作用，可以促进消化，起到增加食欲的作用。但是过量饮用白酒会感到胃肠不适，而重度饮酒会显著增加全因死亡风险和癌症死亡风险。

1. 功能因子

随着现代风味化学技术的发展，新时代白酒产品的发展方向是"风味、健康"双导向，探索白酒中的微量成分对风味和健康的贡献是研究热点。白酒风味物质和健康物质的多样性源于其原料和酿造微生物的多样性，以及独特的酿造工艺。迄今为止在白酒中发现的微量有机成分有数千种，其中有益人体健康的物质有130多种。功能物质主要包括环二肽类物质、微量元素、低碳链有机酸、高级脂肪酸及其乙酯、酚类化合物、吡嗪类化合物、氨基酸、维生素类化合物、萜烯类化合物和脂肽类等化合物。

2. 健康功效

（1）环二肽类物质

环二肽(cyclic dipeptides)，又名2，5-二酮哌嗪。由于环二肽形成一个稳定的六元环结构，具有一定的构象约束作用，有两个氢键给体和两个氢键受体，氢键是药物与受体相互作用的主要方式之一，因而环二肽在药物化学中是一个重要的药效团。

中国食品发酵工业研究院有限公司完成的"五粮液酒及其功能成分对细胞活性的影响研究"项目，研究了白酒酒体对细胞活性的影响，发现了五粮液白酒可以一定程度上促进细胞自噬活性和消除氧化应激，且能减缓酒精对肝细胞的损害，改善细胞的存活状态。并发现白酒酒体中酚酸类和吡嗪类物质可促进细胞自噬，其中酚酸类物质（阿魏酸等）对细胞自噬具有显著的促进作用，从分子组成上揭示中国白酒的特色功能因子不同于食用酒精和国外主要的蒸馏酒品类。

目前发现许多环二肽具有强的生理活性，引起了学术界的广泛兴趣。部分环二肽类物质二级质谱图等化学信息如表4-3、图4-16所示。Cyclo(Gly-Pro)、Cyclo(Leu-Tyr)、Cyclo(Val-Ile)具有抑制人慢性髓原白血病K562细胞作用；Cyclo(Phe-Ile)、Cyclo(Ile-Leu)、Cyclo(Pro-Val)对肝癌、前列腺癌细胞具有抑制作用；Cyclo(Tyr-Tyr)具有增加心率和冠脉血流量作用；Cyclo(Phe-Tyr)具有降低心率、冠脉血流量、左心室收缩压和心脏传导速率作用；Cylco(His-Pro)具有保护神经系统的作用；Cyclo(His-Pro)能调控食欲及能量代谢，且与锌具有显著协同抗糖尿病作用。

表4-3 化合物分子化学信息

名称	分子式	m/z	MS/MS特征子离子	碰撞能量/V
环（丙氨酸-脯氨酸）	$C_8H_{12}N_2O_2$	169.0971	70.0660,44.0505	20
环（二氨基丁酸）	$C_8H_{14}N_2O_2$	171.1128	86.0607	5
环（亮氨酸-丙氨酸）	$C_9H_{16}N_2O_2$	185.1285	86.0972,44.0505	20
环（异亮氨酸-缬氨酸）	$C_{11}H_{20}N_2O_2$	213.1598	72.0814,86.0980	15
环（苏氨酸-脯氨酸）	$C_9H_{14}N_2O_3$	199.1077	70.0659,74.0605	20
环（脯氨酸-苯丙氨酸）	$C_8H_{12}N_2O_2$	245.1285	70.0660,120.0807	15
环（苯丙氨酸-丙氨酸）	$C_8H_{12}N_2O_2$	219.1128	44.0505,120.0807	20
环（亮氨酸-异亮氨酸）	$C_8H_{12}N_2O_2$	227.1754	86.0972	15
环（缬氨酸-缬氨酸）	$C_8H_{12}N_2O_2$	199.1441	100.0762	5
环（酪氨酸-脯氨酸）	$C_8H_{12}N_2O_2$	261.1234	70.0660,136.0759	15
环（苯丙氨酸-缬氨酸）	$C_8H_{12}N_2O_2$	247.1441	72.0816,120.0807	10
环（脯氨酸-亮氨酸）	$C_8H_{12}N_2O_2$	211.1441	70.0660,86.0969	15
环（二苯丙氨酸）	$C_8H_{12}N_2O_2$	295.1441	120.0807	15

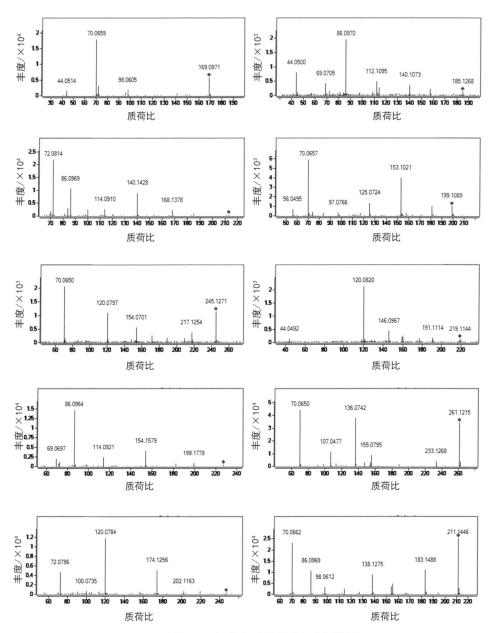

图 4-16　部分环二肽类物质二级质谱图

（2）微量元素

白酒在酿造过程中，微量元素来源主要有以下三方面：一是因微生物繁殖需要及蒸馏过程，极微量元素引入酒中；二是酒在加浆降度时，泉水或自然水中元素可迁入酒体；三是存贮过程中，乙醇挥发、酸度增大，储酒容器中的元素溶入酒中。这其中，过渡元素的存在激活了人体内的乙醇脱氢酶、乙醛脱氢酶，饮用后乙醇在体内的滞留时间将会缩短，故饮者不易醉、不上头。如表4-4所示，很多金属元素是人体所必需的，缺乏者则表现出某种缺乏症。

表4-4　微量元素功效及其缺乏症

元素名称	功效	缺乏症
钾 （K）	维持水盐代谢平衡、维持神经和肌肉的正常功能、维持心脏正常跳动	心律不齐、肌肉周期性麻痹
钙 （Ca）	骨骼、牙齿正常钙化，细胞正常结构，肌肉收缩，神经传导等均离不开钙	骨骼疏松
镁 （Mg）	镁与钙磷同时作为骨骼和牙齿的组成部分，对神经系统有抑制作用	情绪不安、易激动、神经过敏等
铁 （Fe）	是血红蛋白、肌红蛋白组成部分，可维持正常生长发育及免疫功能	贫血、体弱、抵抗力下降
铜 （Cu）	维持神经系统、骨骼、皮肤健康和毛发正常生长	贫血、浮肿、脑萎缩、神经组织退变、发白
锰 （Mn）	骨骼和结缔组织形成与生长的成分之一，并有促进机体生长发育和性成熟的作用	智力低下，骨骼疏松
铬 （Cr）	有激活胰岛素、降低血糖及胆固醇的作用	动脉硬化、糖尿病、近视
钠 （Na）	维持机体水盐代谢平衡，保持正常渗透压，维持神经、肌肉正常功能	电解质、酸碱平衡紊乱，乏力

五粮液酒中含有丰富的微量元素，如表4-5所示。

表4-5　不同贮存期52%（V/V）五粮液酒及矿泉水中金属元素含量对比

含量	52%（V/V）五粮液酒贮存期/年			矿泉水
	1	10	20	
K/ （mg/L）	1.60	2.28	3.47	2.17
Ca/ （mg/L）	0.36	0.89	4.36	23.10
Mg/ （mg/L）	0.26	0.69	3.49	8.58
Cd/ （μg/L）	2.68	4.44	9.10	8.69
Fe/ （μg/L）	66.24	101.70	162.20	0.20
Pb/ （μg/L）	9.77	23.29	28.41	46.31
Cu/ （μg/L）	7.96	13.05	39.87	15.59
Mn/ （μg/L）	7.11	20.14	29.97	34.39
Al/ （mg/L）	0.17	0.47	0.66	0.16
Ni/ （μg/L）	0.95	1.58	3.10	7.86
Cr/ （μg/L）	1.66	0.71	3.08	8.97
Na/ （μg/L）	150.00	34.75	15.26	3.52

（3）低碳链有机酸

　　白酒中有机酸的含量比其他蒸馏酒高（表4-6）。乙酸具有杀菌抗病毒、扩张血管、延缓血管硬化的作用；乳酸具有杀菌、促进双歧杆菌生长的作用，有利于人体内微生态平衡；丁酸能抑制肿瘤细胞的生长和繁殖。此外，乙酯类物质，如乙酸乙酯、乳酸乙酯、亚油酸乙酯、亚麻酸乙酯等在进入人体后，被水解为乙酸、乳酸等有机酸或脂肪酸类被人体利用。

表4-6　五粮液酒中乙酸、乳酸、丁酸及乙酯的含量

名称	含量/ （mg/L）	名称	含量/ （mg/L）
乙酸	720	乙酸乙酯	1260

名称	含量/（mg/L）	名称	含量/（mg/L）
乳酸	650	乳酸乙酯	1350
丁酸	100	丁酸乙酯	210

五粮液酒富含乙酸、乳酸、丁酸和乙酸乙酯、乳酸乙酯、丁酸乙酯，而乙酸乙酯、乳酸乙酯及丁酸乙酯进入人体后，又水解或酶解为乙酸、乳酸、丁酸和乙醇，因而消费者饮用白酒，间接就增加了乙酸、乳酸和丁酸等的摄入量。

（4）高级脂肪酸及其乙酯

人体内能合成饱和脂肪酸和只有一个双键的单不饱和脂肪酸，而多双键及支链脂肪酸是不能合成的，如亚油酸、亚麻酸及支链甲基烷酸等。能维持人体正常生长所需的、体内不能合成的脂肪酸称为人体必需脂肪酸。其在体内的作用尚未完全阐明，但它们是合成前列腺素的必需前体。前列腺素是类似激素的物质，极微量的前列腺素就可产生明显的生物活性。目前国内外对脂肪酸研究已逐步深入，通过体外试验证明，很多脂肪酸都能抑制胆固醇的合成（表4-7）。

表4-7　脂肪酸对胆固醇合成的抑制作用

脂肪酸	IC_{50}/（μg/mL）	脂肪酸	IC_{50}/（μg/mL）
己酸	>1000	油酸	100
辛酸	500	亚油酸	30
癸酸	75	花生四烯酸	20
月桂酸	47	14-甲基十六烷酸	27
肉豆蔻酸	48	16-甲基十七烷酸	40
软脂酸	>500	3，7，11，15-四甲基十六烷酸	4.2
硬脂酸	>500		

如表4-8、表4-9所示，五粮液酒中的高级脂肪酸及其乙酯含量丰富，对稳定香气、酒体醇厚浓郁以及改善口感起着极为重要的作用，而它们进入人体后乙酯又水解为高级脂肪酸。

表4-8　五粮液酒中高级脂肪酸的含量

名称	含量/（mg/L）	名称	含量/（mg/L）
己酸	1208	肉豆蔻酸	1.2
庚酸	9.0	硬脂酸	0.4
辛酸	7.0	油酸	5.0
癸酸	0.6	亚油酸	7.0
月桂酸	0.4		

表4-9　五粮液酒中高级脂肪酸乙酯的含量

名称	含量/（mg/L）	名称	含量/（mg/L）
己酸乙酯	2450	棕榈酸乙酯	30
辛酸乙酯	86	油酸乙酯	11
癸酸乙酯	46	亚油酸乙酯	18
月桂酸乙酯	7		

（5）酚类化合物

五粮液的酿造原料为五种粮食，且采用以小麦为原料的中高温的"包包曲"，小麦的表皮含有0.5%的阿魏酸，发酵过程转化为愈创木酚、4-甲基愈创木酚、4-乙基愈创木酚、对甲酚等优良的自由基清除剂。阿魏酸能和自由基形成共振稳定的自由基，而终止自由基的链式反应；4-甲基愈创木酚、4-乙基愈创木酚具有较强的体外抗氧化性，对肝脏具有保护作用，可以在一定程度上减轻酒精对肝脏所造成的损伤。

2022年7月，由五粮液股份公司微生物研究团队首次在501酿酒车间古窖池群生态环境中分离出一株酵母菌全新菌种，编号为

WLY-L-M-1，命名为空气丛梗孢酵母(*Moniliellaaeria*)。该新菌种的微生物分类学研究论文"Moniliellaaeria sp. nov., a novel yeast isolated from the air of a Wuliangyebaijiu-making workshop"（分离于五粮液酿造环境中的空气丛梗孢酵母新菌种）已在微生物分类学领域的国际权威杂志"International Journal of Systematic and Evolutionary Microbiology"（《国际系统与进化微生物学杂志》）公开发表，进一步佐证了五粮液酿造环境生态的独特性和不可替代性，将有效促进对中国白酒酿造微生物及代谢机理的认识再上新台阶。

研究显示，空气丛梗孢酵母能够在pH3.0 ~ 7.7（最适pH5.6）、25 ~ 35℃（最适温度28℃）、0 ~ 9% NaCl浓度和0 ~ 7%乙醇浓度范围内生长，具有产生白酒中独特的抗氧化酚类化合物——4-乙烯基愈创木酚、4-乙基愈创木酚等的能力。愈创木酚是一类具有特殊甜香味、丁香、苹果香等复合香气的酚类化合物。现代医学研究表明，愈创木酚类成分具有清除自由基的作用，可预防与自由基和活性氧有关疾病的发生，如4-甲基愈创木酚和4-乙基愈创木酚具有预防疾病、延缓衰老、降低血糖等促进人体健康的作用。

空气丛梗孢酵母发现地——501酿酒车间位于宜宾老城区三江交汇处附近，独特的气候、水源等自然生态环境，持续数百年不间断酿酒生产为微生物的生长繁衍提供了独一无二的生态环境，构建形成了不可复制的微生物生态圈——"活态文物群"。微生物通过开放式的生产环境自然迁移进入酿酒环节，对白酒酿造的产香过程产生重要影响。

五粮液酒中酚类化合物的存在（表4-10），不仅使酒体具有浓中带酱、酱不露头的特性，更赋予它清除自由基的功能。过剩自由基的清除，可抗衰老及预防多种疾病的发生。

表4-10　五粮液酒中酚类化合物的含量

名称	含量/（μg/L）	名称	含量/（μg/L）
愈创木酚	1～33	丁香酚	1～2
4-甲基愈创木酚	1～357	4-乙基愈创木酚	1～95
苯酚	209～429	邻甲酚	10～28
4-乙基苯酚	5～267	2，6-二甲基苯酚	1～3
对甲酚	745～1644	间甲酚	9～30

（6）吡嗪类化合物

现代医学研究表明，吡嗪类物质具有预防心血管疾病等作用。如四甲基吡嗪是一种治疗心脑血管疾病的生物活性成分，对脑供血不足、脑血栓形成、脑栓塞、脑动脉硬化等有较好疗效。五粮液酒中吡嗪类化合物的含量见表4-11。

表4-11　五粮液酒中吡嗪类化合物的含量

名称	含量/（μg/L）	名称	含量/（μg/L）
2-甲基吡嗪	164～247	2，5-二甲基吡嗪	133～189
2-乙基吡嗪	13～20	2，6-二甲基吡嗪	287～812
三甲基吡嗪	179～3174	2，3-二甲基吡嗪	15～476
2-乙基-3-甲基吡嗪	112～143	2-乙基-6-甲基吡嗪	10～121
2，3-二甲基-5-乙基吡嗪	60～315	2-乙基-5-甲基吡嗪	2～87
四甲基吡嗪	18～25100	2-甲基-3-异丙基吡嗪	3～41
2，6-二乙基吡嗪	3～274	2，3，5-三甲基-5-乙基吡嗪	18～382

（7）氨基酸、维生素类化合物

由于中国白酒采用甑桶蒸馏，甑桶盖盘出口与冷凝器直接连通，因而在糟醅蒸馏过程中，氨基酸、维生素类化合物等不挥发性物质也会随蒸气进入基酒。

这些物质具有很高的健康价值，如甘氨酸，具有护肝作用，且对坏死性胰腺炎及并发性肺损伤有一定的防治作用；维生素 B_2 具有利尿、防癌、降血脂、改善心功能等作用；维生素 B_6 参与约100种酶反应，参与身体中的糖原与不饱和脂肪酸的代谢，具有降低患慢性病的作用；维生素 E 是一种人体必需但又不能自行合成，必须从外界摄取的维生素，具有抗衰老、促进生育、提高免疫功能、保护肝脏、提高老年人记忆、防治白内障、减轻肾损伤、防治贫血和铁中毒及抗凝血功效等；叶酸是重要的膳食补充剂之一，被认为具有多种重要的保健作用。

如表4-12所示，在五粮液酒中检出了17种氨基酸，氨基酸总含量约为0.2 mg/L，其中甘氨酸和丙氨酸含量最高；维生素共检出12种，其中最主要的是维生素 B_1、维生素 B_2、维生素 B_6、叶酸、生物素等。

表 4-12　五粮液中氨基酸、维生素类化合物的含量

氨基酸名称	含量/（mg/L）	维生素名称	含量/（μg/L）
精氨酸	<0.01	维生素 B_1	0.2
赖氨酸	<0.01	维生素 B_2	0.3
丙氨酸	0.1	维生素 B_6	1.8
苏氨酸	<0.01	叶酸	0.3
甘氨酸	0.1	烟酸	<1.0
缬氨酸	<0.01	生物素	0.049
丝氨酸	<0.01	泛酸	<2.5

氨基酸名称	含量/（mg/L）	维生素名称	含量/（μg/L）
脯氨酸	＜0.01	胡萝卜素	＜5.0
异亮氨酸	＜0.01	维生素C	＜50
亮氨酸	＜0.02	维生素A	＜120
蛋氨酸	＜0.01	维生素D	＜1.0
组氨酸	＜0.01	维生素E	＜5.0
苯丙氨酸	＜0.01		
谷氨酸	＜0.01		
天冬氨酸	＜0.01		
胱氨酸	＜0.01		
酪氨酸	＜0.01		

（8）萜烯类化合物

萜烯类化合物是一类具有较强香气和生理活性的重要的天然化合物，是植物在生长过程中产生的环境应激物。萜烯类化合物具有抗菌、抗病毒、抗氧化、镇痛、抗癌等生物活性。如香芹酚和麝香草酚具有广谱抗菌功能；肉桂醛具有抑制细菌和霉菌的作用；芳樟醇来源于天然产物，具有镇痛、抗焦虑、镇静催眠、抗炎、抗肿瘤、抗菌等作用；紫苏醛具有抗皮肤丝状菌、铜绿假单胞菌和镇静、镇痛等作用；百里香素又名对聚伞花素，具有抗菌、抗病毒、抗癌、抗炎等活性;香叶基丙酮具有抗氧化、抗菌的作用。五粮液酒中检测到18种萜烯类化合物：百里香素、异戊烯醇、紫苏醛、3，4-二甲基茴香醚、8-羟基-7-甲氧基香豆素、(S)-氧化芳樟醇、(E)-氧化芳樟醇、1，3，8-对-薄荷三烯、芳樟醇、异佛尔酮、松油醇、茶香酮、β-大马士酮、β-大马酮、香叶基丙酮、肉桂醛、香芹酚、麝香草酚。

（五）低度白酒：生产技术再创新

低度白酒只是一个相对的概念，低度白酒与高度白酒一脉相承，只是乙醇的浓度不同。低度白酒不是低质白酒，更不是简单意义上的"加水白酒"，生产高品质低度白酒需具有较高的技术含量。

1. 生产技术

（1）生产高品质低度白酒的技术难点

某种程度上说，生产低度白酒的要求比生产高度白酒更苛刻。

第一，生产低度白酒首先需要具备优质的基酒。能做高度白酒的基酒不一定能做低度白酒的基酒，做低度白酒的基酒与做高度白酒的基酒相比要求更全面。因为随着酒度的降低，许多呈香呈味物质的阈值有所降低，高度白酒中不显现的异杂味（酸味、涩味、糠味等）在低度白酒中得以显现。

第二，解决基酒加浆降度后的酒体浑浊。低度白酒在除浊的同时要尽量保留风味物质。

第三，白酒中主要起呈香呈味的酯类物质在基酒降度后容易水解，低度白酒需要解决酸酯的总体协调和平衡，防止出现水味。

第四，低度白酒的勾调技术比高度白酒要求更严，所用调味酒的种类更多，品质更高。

低度白酒生产需要更好的基酒、科学的加浆技术、定向的除浊技术以及精湛的勾调技术，是个充满高技术含量的过程。很多酒企无法实现低度化，就是因为酿造工艺科学性不足，难以破解，如在降度的过程中会产生杂味、杂质和异味；在低度成品酒吸附、过滤等处理过程中，耦合吸附白酒中的风味物质进而导致感官质量下降；随着酒精度的下降，酒体出现浑浊或失光等问题的制约。

五粮液通过一直以来的科学研究得出结论：出现浑浊、失光主要是由于酒体中醇溶性的棕榈酸乙酯、油酸乙酯和亚油酸乙酯等高级脂肪酸乙酯的溶解度降低而析出造成；口味寡淡主要是由于低度白酒中水的比例较大，稀释了呈香呈味物质的浓度，加之降度后打破了基酒原有香味成分间构成的平衡体系，使酒中微量成分量比关系发生变化，造成醇溶性酯类缓慢水解，导致酒中一些呈香呈味的酯类物质大量减少而造成。由于优质浓香型白酒较其他香型白酒（如酱香型、清香型等）所含香味物质种类更多，含量更丰富，经降度后基本能保持原有的风格，不会出现明显的水味和酸味。因此，这就是市面上浓香型低度白酒较其他香型低度白酒量大且畅销的原因。

解决低度白酒加浆后出现浑浊、失光、口味寡淡等问题，已成为各酒企生产低度白酒的技术难题。高品质低度白酒更应该做到"低而不浊、低而不淡、低而不杂"。因此，生产低度白酒具有较高的技术门槛，对酿酒生态、原料、酿造工艺、工匠技能、基酒品质、除浊、勾调工艺等都有严格要求和条件。

（2）科学加浆工艺

第一，蒸馏酒的酒度。

从最初的各种发酵果酒、米酒等开始，为了更好地保存低度果酒，人们开始通过蒸馏方式提高酒的酒精度，包括白酒在内的伏特加、威士忌、白兰地等蒸馏酒，以淀粉质、糖质或水果等为原料，加入糖化发酵剂（淀粉质需先蒸煮糊化），经固态、半固态或者液态发酵，经过蒸馏、储存、勾调而成，蒸馏得到的基酒度数都非常高，基本在50%vol ~ 95%vol范围内［威士忌、白兰地基酒在70%vol左右，伏特加基酒在95%vol以上］。

第二，正确认识蒸馏酒"加浆"。

在全世界范围内，市场上售卖的成品蒸馏酒酒度范围基本在20%vol ~ 68%vol［威士忌、白兰地、伏特加成品酒为40%vol，白酒25%vol ~ 68%vol］，因此需要对高度的基酒进行"加浆"。

"加浆"所需的是特殊工艺处理过的水，不是普通水，因为普通水中含钙、镁离子等各类杂质，会对酒的风味、产品货架稳定性产生不利影响（酒体失光返浑）。出于酒体风味及饮用健康等角度考量，确保产品符合国家相关标准、有稳定的货架期，满足消费者对酒类产品风味、口感、健康等的需求，加浆水必须是使用特殊工艺处理的水，去除不利于货架期产品稳定性的成分，保留有益的成分。

第三，蒸馏酒"加浆"的两个阶段。

图4-17所示的"加浆"工艺典型示范图，由两个阶段组成。

第一阶段"加浆"是指蒸馏时，底锅中的水蒸气跟随蒸馏出的酒液一并进入基酒中，此为第一阶段"加浆"。酱香型白酒的生产，"加浆"降度主要是通过蒸馏时摘入更多的后段低度酒甚至"酒尾"来实现基酒的第一次降度，但采用这种加浆方式难免会在基酒中带入大量的低酒度尾段酒，与此同时大量的高沸点物质和有害健康的物质也随之进入基酒中，致使基酒表现出香气糠臭显闷，味酸、烟、焦苦、杂、不净等缺陷，因此酱香型白酒必须经过长期的储存才能改善上述缺陷，确保品质符合要求。

第二阶段"加浆"是指成品酒勾调时在基酒中加入特殊处理的

水，使成品酒酒度降到目标酒度，此为第二阶段"加浆"。五粮液采用第二阶段"加浆"，通过专用技术去除自来水中的不利成分，降低水活度，作为降度白酒的加浆水，最大限度地控制货架期的水解，低度白酒尽量保留原有的高度酒风味。

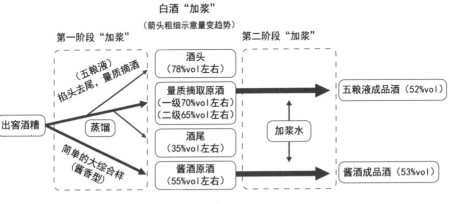

图4-17 白酒"加浆"

两个"加浆"步骤是所有蒸馏酒生产都绕不开的必经之路，只是在实际生产操作过程中，根据产品的酿造工艺、设定酒度的不同，主要"加浆"方式存在选择差异，一些企业是第一阶段加的浆多，第二阶段就少"加浆"；一些企业是第一阶段"加浆"较少，以第二阶段"加浆"为主。

（3）定向除浊技术

低度白酒生产中的除浊，包括活性炭吸附法、冷冻过滤法、淀粉吸附法、膜分离技术、再蒸馏法等方法。其中应用最多的为活性炭吸附法和冷冻过滤法。

活性炭吸附法是利用活性炭表面的微孔对白酒中的成分进行有选择性地吸附，经过滤减少酒中高级脂肪酸乙酯等的含量，从而达到除浊的效果。但是，吸附过程会不同程度地损失部分微量香气成分，使酒质入口燥，后味稍淡，需通过勾调调味，才能保证其质量风格。

冷冻过滤法是将降度后的酒样冷冻至 −10℃以下，并保持在低温状态，用过滤机除去沉淀物质，使酒体变得澄清透明。虽然此方法不同程度地除去了白酒中的一些香味物质，但仍能较好保持原有的风格。

生产低度酒要解决除去引起浑浊的物质，又要适当保留香味物质而不影响原有风格的问题。通过以上方法均能较好地解决低度白酒的浑浊问题，但更为重要的是保持酒质，维持低度白酒货架期稳定，并避免引入白酒固有成分之外的物质，造成质量安全问题。

五粮液定向除浊技术工艺成本高，但更能保证低度白酒品质。经除浊后的基酒中仍保留丰富的风味物质，在不同区域、不同季节确保酒体的清澈透明，保持了酒体口感。因此低度五粮液在储存过程中，不仅保留了原始风味，品质还会随着时间的延长而提升。

（4）稳定低度白酒质量的方法

高质量的基酒和调味酒是生产优质低度白酒的根本，是解决低度白酒香气不足、口味寡淡的关键。用酸、酯较高的基酒来勾调低度白酒，并控制酸、酯含量，充分发挥复杂香味物质的特性来得到品质稳定的低度白酒。经多次勾调调味后，适当延长装瓶前的贮存期，在装瓶前检查酒体理化指标和口感，如有变化，予以调整，确保酒质稳定。

白酒的品质在于酸、酯的含量。酸是酒的重要呈味物质，酸量少，酒寡淡，后味短；酸量大，酸味露头，酒味粗糙。酯类物质是白酒重要的芳香成分，它是构成白酒风格的主要因素。酒中酯类与酸类物质存在以下平衡关系：$RCOOR' + H_2O \rightleftharpoons R'OH + RCOOH$。白酒降度后，乙醇含量减少，而水的比例增加，促使酯类水解。要延缓酯水解，必须破坏平衡，而破坏平衡有两种方法：增加生成物的浓度，即加入羧酸或醇；降低反应物浓度，即除去酯或水。由于受酒度和国家标准等限制，从理论上来看，解决低度酒酸、酯平衡的有效方法是在成品酒出厂时调整酸、酯含量，使其接近平衡状态。

2. 品质正名

优质低度白酒使用最好的基酒，生产成本高，既不是低质酒，也不是"低价"酒。低度白酒不是加水，或者简单低度化。五粮液将勾调技术和优质调味酒结合，通过技术的革新复刻了低度白酒的高度口感，在行业处于领先地位。

3. 生产优势

降酒度而不降口感，是低度白酒技术研发的核心导向。能不能做高品质的低度酒，除了技术门槛外，还与酒体风味组分阈值有关，即酒度越高，阈值越高；酒度越低，阈值越低。

由于生产工艺的原因，五粮液生产采用了看糟配料、量质摘酒、分级储存等各种精细的操作工艺，酒体中的异杂味物质含量低，具有浓甜、爽净的典型特征，在降度后异杂味不会明显呈现出来，再通过精心勾调，低度白酒能够基本保持高度白酒的风格特征。五粮液在白酒低度化领域具有基酒品质好、工艺精湛、富有创新性的特点，基酒中含有远超普通标准的风味物质，为降度不降味提供了优良的"基因"。

（六）科技成果：酿造精髓真验证

五粮液自20世纪50年代以来，不断总结经验，实现原创性核心工艺创新，多项传统工艺已经被同行企业广泛学习、借鉴。由于市场导向作用，许多浓香型白酒企业的生产工艺都在逐渐偏向五粮浓香的酿造工艺。五粮液致力于科技创新，在不断科学诠释五粮传统工艺酿造精髓的同时，实现科技成果的转化应用，使企业得到跨越式、超常规、高质量的可持续发展。

1. 质量效益型发展

（1）"五粮配方"工艺

20世纪60年代，在沿用"陈氏秘方"的基础上改良了五粮配方工艺，使用小麦替换荞麦，使得五粮液酒更加相互协调，达到醇香、纯正的境界。

（2）"包包曲"制曲工艺

首创的"包包曲"兼中温曲和高温曲的优点，具有丰富的菌系和酶系，为发酵生香提供动力，将宜宾独有的自然资源优势转化为酿酒优势。

（3）"跑窖循环"工艺

首创的跑窖循环有利于整个酿酒过程的精细化操作，有利于提高和平衡整个酿酒区域的发酵水平。

（4）"量质摘酒"工艺

20世纪60年代，为了稳定和提高酒质，根据流酒过程中各段酒质的常规分析对比，明确了蒸馏摘酒与产品质量的关系，制定可行的标准，将以前的"断花摘酒"改为"量质摘酒"。

（5）双轮底发酵工艺

20世纪60年代，首创了窖池底层糟醅连续进行两轮发酵的生产工艺，使酒味更香浓，酒质更幽雅。充分利用五粮液古窖池众多的资源优势，生产高品位、高质量的调味酒。

（6）"勾调双绝"工艺

20世纪50年代，被誉为勾调宗师的范玉平首创了"烘托、缓冲、平衡"的勾调技术，开创了我国酿酒行业人工勾调技术之先河。

20世纪80年代进行的《五粮液酒计算机勾调专家系统》研究课题，率先应用计算机和人工勾调完美相结合的先进技术，形成独特的被业内称为"勾调双绝"的成品酒调配技术，引领行业勾调技术走上了科学化、系统化的道路。此项技术荣获1982年四川省政府"重大科技成果"三等奖。

（7）五粮液系列低度酒开发

20世纪70年代，历经6年攻关，应用优选法和黄金分割点法成功地把52%vol五粮液酒降度到38%vol和35%vol，并保持了五粮液酒的基本风格，解决了出口酒的降度难题，引导我国白酒低度化的市场消费。此项技术荣获1978年四川省"双法"成果二等奖。

（8）"沸点量水"工艺

20世纪90年代，五粮液将"打量水"温度从80℃提升到

100℃，促进粮食对水分的吸收，更好地促进糊化、糖化等作用，当年就使五粮液优质品率增长8.4%。该工艺成功后，引起全国酿酒行业的强烈反响，并在浓香型白酒企业中得到广泛应用。

2. 规模效益型发展

（1）浓香型酒类"T"法工艺研究及应用

20世纪80年代末，五粮液在酿酒行业率先应用生物工程技术，从五粮液酿酒功能优势菌发酵机理诠释传统工艺，成功应用后提高母糟和窖泥的质量，能多摘一级酒12%，创造了显著的经济效益。1992年投入3000多万元推广该项目的应用。此项技术荣获1993年"四川省科学技术进步二等奖"。

（2）"窖泥液"的研制及应用

20世纪90年代初，五粮液系统性地研究优质老窖泥中的功能菌，在取得关键技术的突破后显著提高优质品率，当年就为公司创造了1000多万元的经济效益，为企业由质量效益向质量规模效益迈进作出了坚实的技术支撑。

（3）无害化、效益化处理丢弃酒糟工艺技术

20世纪90年代中期，率先在行业内提出"三废是放错位置的资源"的理念，开展白酒丢糟的链式深度开发，首创了环保锅炉、白炭黑提取等一系列"废物"变资源的再造产业链，基本实现了丢糟的"零排放"，创造出一种高效、低耗、无害的"循环经济模式"，开创了白酒行业资源利用的先河，起到良好的示范作用。此项技术荣获首届"中国食品工业协会科学技术奖"一等奖和2002年四川省科技进步一等奖。

（4）酿酒底锅水中提取乳酸和生产乳酸钙的新技术

20世纪90年代中期，自主开发利用酿酒底锅水生产乳酸和乳酸钙的技术，酿酒底锅水COD排放量降低75%以上，充分保护了本地自然环境和水资源。此项技术荣获2005年宜宾市科技进步一等奖。

3. 价值效益型发展

（1）利用超临界CO_2萃取技术从酿酒资源中提取风味物质的研究

2001年，首创了利用超临界CO_2萃取技术从酿酒副产物（黄水、酒尾等）提取及纯化风味物质的关键技术，创新性地将先进的分离技术与白酒传统工艺结合，形成一套规程与标准，形成独具知识产权的综合开发体系，获4项国家发明专利。成功实现了理论创新、技术创新、产品创新和研发成果的产业化开发，2006年投资5000万元形成当时亚洲最大的3000L×2的CO_2萃取设备，年提取风味物质180 t，应用后每年产生2亿元的经济效益，具有良好的环保效益，在行业起到良好的示范作用。此项技术荣获2007年四川省政府科技进步一等奖。

（2）CO_2防治曲虫技术

2001年五粮液利用CO_2防治曲虫技术能彻底杀灭曲虫，大大减少曲药库存损耗，明显改善库曲感官质量，具有显著的经济效益和环保效益。

（3）特大型综合型发酵车间的工艺研究及设计

2002年，五粮液对传统酿酒生产窖房模式进行创新，形成年产4万吨/跨的基础酒生产规模，单跨长度有1.5 km以上，提高了酿造环境的均一性、稳定性，为酿酒微生物提供有利的生态环境，提升优质酒出酒率。同时节约土地，创造性地实现了节能、环保、无害化、洁净化、效益化特大综合型发酵车间的应用。此项技术荣获2005年中国食品工业协会第二届科技成果大会特等奖。

（4）近红外光谱技术控制固态法酿酒生产入窖条件的应用研究

2002年，为了解决酿造过程中发酵糟醅理化指标的时效性，提高入窖糟醅的检测效率，在行业内率先开展近红外光谱技术应用于传统固态法白酒生产中的研究。该技术具有检测量大、检测迅速、数据准确、重现性好、在线分析的特点，有效地对入窖糟醅的前置条件进行控制，进而使优质品率得到稳定提高；既节约了大量化学试剂和水电能源消耗，又大幅降低了人工操作强度。此项技术荣获2011—2013年度中国食品工业协会科学技术奖一等奖和宜宾市科技进步特等奖。

（5）双开、高排酒曲发酵室的设计与应用

2003年，在继承传统制曲工艺的基础上，成功地开发出双开、高排酒曲发酵室生产技术，有效地提高了曲药内在质量，为传统曲药规模化、工业化生产开辟了一条新途径。此项技术荣获2005年中国食品工业协会第二届科技成果大会一等奖。

（6）"F型调味酒"的研究与应用

2005年，在发掘传统酿酒有益微生物发酵规律的基础上，利用现代生物工程技术、酶工程技术生产F型调味酒，顺应了国内外白酒市场安全性、个性化需求和国家政策导向，创新了传统酿酒生产中调味酒的生产模式。此项技术荣获2007年公司科技进步一等奖。

（7）传统固态法浓香型优质白酒生产工艺的研究与传承

2007年，在传承传统浓香型优质白酒生产工艺的基础上，创新性集成研发了倒压模制曲技术及设备、自动雾状保湿技术，同时优化了转排工艺、调醅工艺等标准化、精细化控制技术。此项技术荣获2011年中国食品工业协会科学技术奖一等奖。

（8）生物技术在丢糟高质化利用中的研究与应用

2008年，将酿酒风味功能微生物产品应用于白酒丢糟发酵中，可以适当提升产量和酒质，同时进一步有效降低残淀，起到节能降耗和环保的作用。此项目荣获2013年中国酒业协会科技进步二等奖。

（9）复糟酒机械化（自动化）生产线及配套工艺研究与应用

2010年，公司先行在复糟生产中开展机械化的研究和应用，建成国内第一条复糟酒生产成套机械化（自动化）生产线，节能降耗作用明显，取得较好的效果，为往后五粮液粮糟生产中实现机械化打下良好的基础。此项技术荣获2013年中国食品工业协会科学技术特等奖、2014年宜宾市科技成果特等奖。

（10）塑料制品迁移物对酿酒生产的影响

2011年，前瞻性地提出塑料制品迁移物对酿酒生产影响的评估方法，对原料、包装材料设备设施以及生产全过程的食品安全风险源进行识别，做到前置控制，建立食品安全风险评估机制，走在了行业的前列。此项目荣获2014年中国食品工业协会科技进步一等奖。

（11）"320"改进工程的应用研究

2011年，创新性地开展了一项安全、环保的新技术、新工艺研究，生产具有"老练、醇和、醇甜、细腻"等特征的产品，更能满足市场消费者对白酒品质的内在需求，应用后每年产生四千多万元的经济效益。此项技术荣获2015年公司科技成果三等奖。

（12）酿酒废弃物尾水的资源化利用

2012年，采用纯物理法提取酿酒副产物（尾水）的资源化利用。此项技术具有投入少、工艺简单、生产成本低、产品纯天然等优点，应用后每年减少近千吨COD排放。此项技术荣获2015年公司科技成果二等奖。

（13）浓香型白酒特征风味物质的研究

2012年，应用多种现代分离测试设备，针对浓香型白酒中的粮香、糟香、老窖香、曲香做了系统的剖析研究，形成完整的剖析白酒风味物质的研究方法；解析了部分异臭组分（泥味、糠味、霉味）的生成机理。通过项目的研发，为指导白酒生产的过程控制、提高产品质量的稳定提供了重要的科学依据。项目研究系统原创性强，对行业的持续健康发展具有重要推动作用。此项目荣获2018年中国酒业协会科技进步三等奖。

（14）单粮与多粮浓香型白酒固态发酵酒醅微生物结构和代谢特征解析

2016年，与江南大学联合进行项目研究，基于发酵过程微生物与代谢产物的大数据动态联动分析，首次解析了五粮酿造体系对基酒风味物质种类丰富和结构平衡的作用机制，明确了风味物质的多样性与量比协调度对多粮浓香白酒品质的重要性；首次系统地对比解析了浓香型白酒单粮发酵和多粮发酵过程中微生物群落结构和特征风味物质的差异，科技成果鉴定为国际领先水平。此项目荣获

2019年中国酒业协会科技进步二等奖。

（15）**酿酒外源性食品安全风险评估方法的研究与应用**

2012年，针对酿酒过程的六大板块进行研发，分别覆盖原辅料、包装材料、设备设施、酿酒生产工艺过程并涉及新材料、新工艺所有生产环节，评价指标涉及有机物污染、农药残留、金属迁移污染物、真菌毒素、抗生素、碳同位素等，全面系统地对酿酒生产过程涉及的工艺点进行了外源污染物的风险评估，构筑食品安全防火墙，达到预防食品安全风险的目的；创新性地建立疑似危害物快速高通量的筛查等检测方法，继而形成一套完善的针对酿酒生产过程迁移物对酒产品影响的风险评估方法，为行业食品安全评估标准提供技术支撑，最大限度避免食品安全风险，为解决这一行业共性的关键问题在技术上推进了一大步，对行业的发展也起着重要的指导和借鉴意义，科技成果鉴定为国内领先水平。此项目荣获2020年度中国轻工联合会科技进步二等奖。

（16）**白酒酒体接触过程材料有害物质的控制**

2013年，建立白酒酒体接触过程材料质量管控体系，对白酒酒体接触过程材料有害物质进行有效管控。该项目对所有用于生产的白酒酒体接触过程材料进厂检验实行向供方索证索票管理、每批抽样质量检验检测、监督抽查验证"三重"把关控制，不仅保证了食品接触材料从生产制作到成品酒检验整个过程统一执行一个标准，同时还确保每批与酒体直接接触过程材料既符合材料本身食品安全标准要求，又符合白酒产品标准要求。项目成果在行业中居于领先地位，得到行业的充分肯定。此项目荣获2020年度中国食品工业协会科学技术奖一等奖。

（17）多粮浓香型白酒关键微生物及风味成分传递机制与应用

2015年，全面揭示多粮浓香型关键微生物相互作用关系。以风味和宏基因组为导向，筛选了关键功能微生物菌株，系统研究了多粮浓香型白酒关键微生物菌株之间的代谢作用机制以及窖泥与大曲微生物的相互作用机制，阐释了关键微生物在发酵过程中对风味成分的贡献率，奠定了提高窖泥代谢功能风味成分的技术基础。首创大曲生产调控和窖泥综合养护集成技术。在深入研究酿酒微生物、风味互动的基础上，提出了基于微生物和风味为模板的大曲调控技术，研制了基于优质窖泥微生物菌群提高边糟质量以及窖泥自身优势菌复合培养液的"窖池综合养护技术"，通过制曲调控、酿酒生产应用，提高了大曲和基酒的优质品率。成果的应用显著提升了大曲质量和基酒的风味品质，使得大曲产量和优级率显著提升。此项目荣获2021年度中国酒业协会科学技术进步一等奖。

（七）防伪溯源：品牌安全双保障

随着五粮液品牌价值的不断攀升和在消费者心目中的美誉度日益提高，为保障消费者体验"真五粮"，公司持续防伪"真投入"，切实保护五粮液品牌形象，维护消费者合法权益，保障消费者食品安全。

防伪技术演变

20世纪90年代初期，五粮液主要使用的防伪技术是激光微雕和隐形喷码。1993年7月，在五粮液铝盖顶部，使用当时先进的激光微雕技术精雕图案——五粮液酒厂厂徽，用10倍放大镜观察，清晰可见。1994年1月，在鼓形和晶质形五粮液瓶盖上使用隐形喷码，在紫外灯照射下，可见蓝色厂徽图案和"W.L.Y"（五粮液汉语拼音缩写），整个图案色彩均匀，线条清晰，轮廓清楚，没有断裂。

1995年，五粮液引进防倒灌塑胶瓶盖，其特点是酒液可从瓶口倒出，但不能回灌，具有一次性防伪破坏结构，使五粮液产品防伪等级和制假难度又提升了一个台阶。

1996年9月，五粮液酒厂与美国3M有限公司合作，开始使用3M回归反射防伪胶膜。五粮液"3M回归反射防伪胶膜"是根据光的回归反射原理，在五粮液专用防伪酒瓶盖上，用光把直径为0.06 mm的玻璃微珠，涂布在可视印刷品的表面，形成特定的五粮液酒厂厂徽图案，并对印刷品的可视部分起到保护作用。消费者在自然光下，可以清晰地看到白底红字的五粮液防伪标记，然后用手持专用检测器靠近眼部，按动开关，通过检测器可看到原有红字五粮液标识隐去，标识反射出耀眼夺目的五粮液酒厂厂徽，真伪立即可辨。该项技术对五粮液的营销以及品牌保护起到了重要的作用。

1997年8月，五粮液酒厂成立615车间，主要负责塑胶瓶盖的生产、研发，引进加拿大、意大利、德国、澳大利亚等国一流的注塑、印刷、装配等设备，形成了庞大的一、三、四、五件套塑胶防伪瓶盖的生产系统。

1999年5月，五粮液集团投资3000多万元引进世界先进的1800型瓶盖生产技术，该瓶盖为六件套，具有防倒灌装置，生产难度极大，杜绝了仿冒者的生产。生产设备全套引进意大利的自动化生产线，形成年产1亿只防伪瓶盖的生产规模。

2003年11月，五粮液防伪技术进行了升级换代，采用电码防伪标签，该标签集合了当时最先进的印刷防伪技术，包括温变油墨、光变油墨、定位烫金、荧光油墨、激光油墨、微缩文字等先进防伪技术，并与电码防伪技术结合起来，消费者刮开涂层获得电码，然后通过手机短信、固定电话、网络等形式方便地查询电码真伪，同时通过防伪标识上的印刷防伪技术综合判定真伪。

2003年，在使用电码防伪标签的同时，五粮液提出了三重防伪包装：一道防伪是在盒盖上设置德国激光镭射易碎防伪标签；第二道防伪是在包装盒内盖设置一次性断裂防伪结构，内盖采用一次性注塑而成，要取出盒内酒瓶，就必须撕断内盒盖的压痕，无法回收再次使用；第三道防伪是在酒瓶盖上设置国际尖端的电码防伪技术，消费者可以通过电话进行免费查询真伪。

2006年，五粮液承担了国家863计划"射频识别（RFID）技术在白酒行业的应用"项目。2009年12月底，开始在新品五粮液逐步使用超高频RFID防伪，与其他技术结合形成一套完善的防伪系统，成为全国首家完成闭环验证系统的酒类企业。五粮液酒产品一个完整的RFID防伪溯源系统流程是：产品在生产线上，向RFID标签里写入产品的各种生产信息，并同步到数据中心；产品在库房出库时，通过箱子上的物流码关联一级经销商信息，关联数据同步到数据中心，通过"三码合一"即可做到每瓶酒的一级经销商信息可追溯；消费者购买时，只需要在专卖店查询机上进行验证，即链接到五粮液数据库查询到这瓶酒的所有生产信息，然后和自己的产品信息进行比对，即可判定真伪；市场监督人员在市场上进行溯源查询时，只需要将酒瓶上的物流码反馈到数据中心，数据中心就可以反馈这瓶酒的溯源信息。同时，公司对22条包装生产线进行改造升级，建设了专门的溯源防伪数据中心，开发了不同类型的查询设备，主要包括专卖店查询机、商超查询机、苹果手机便携式查询模块、箱式查询器、RFID手机等。

2016年，为了解决新品五粮液防伪查询手段单一的困局，将原有高频RFID防伪标升级为双频（高频和超高频）RFID防伪标，实现了"一芯双频"防伪。升级后的双频RFID防伪标做到了以下三个方面的提升。

① 消费者查询方便。使用智能手机（带NFC功能）就可以查询，不再需要专门的设备查询，解决了查询设备欠缺的问题。随着移动支付技术的兴起，NFC功能已经逐步成为智能手机的标配，能够查询的手机会越来越多，使用NFC防伪符合当下趋势。

② 芯片安全加密等级高。通过RFID芯片本身的硬件加密，再加上软件上的验证系统，可以防止批量复制造假。

③ 在国内国际属于首创。双频芯片当时只有一家能够生产，芯片本身的安全级别也达到了移动支付的安全级别，公司是全球第一家在酒类上应用双频标签，引领防伪潮流。

2019年5月20日，第八代五粮液新品隆重上市，在防伪方面，创新消费者服务与防伪体验，配合公司数字化营销战略，第八代五粮液拥有由瓶盖、盒、箱多码关联构成的智能码管理系统，实现了产品生产、物流、仓储、销售各个环节的全过程溯源，并且消费者开盖扫码也能真正意义上参与溯源防伪，维护自身权益。实现了在包装升级的同时也升级了包装结构防伪技术。

2020年，对第八代五粮液防伪持续改进升级，自本次防伪升级后，第八代五粮液增加了更多的防伪点，消费者识别更加快捷方便，有力震慑了制假分子，同时给消费者提供更可靠的保护，充分彰显了第八代五粮液的品牌形象。

良好的信誉对于企业至关重要，为有效保护了广大消费者的合法权益，五粮液多年来持续投入、升级防伪技术，不仅提升了企业的品牌形象，在食品安全方面更具有重要的意义。

防伪视频

开拓·合作篇

（一）多元融合：产学研融合发展

五粮液集团公司依托自身所具有的独特白酒酿造资源以及多元产业优势，在产教融合研发与共建、具体项目牵引、人才培养交流等多个方面开展了产教融合发展的探索和实践。五粮液集团公司先后与中国食品发酵工业研究院、四川大学、中国人民大学、四川大学华西医院、江南大学、北京工商大学、四川轻化工大学等签订了合作协议，在人才培养与交流、科研创新、招生就业等方面达成合作。

1. 研发平台

五粮液集团公司高度重视技术创新在企业发展战略中的支撑作用，积极开展校企战略合作，通过资源整合与优势互补，实现双方互利共赢、共同发展。五粮液集团公司与各目标院校形成的共研共建平台主要围绕行业发展趋势和企业实际，以重大关键行业技术难题为目标，努力构建白酒行业具有国际领先水平的研发技术平台，致力于打造全国酒类行业领先的科研基地。

目前，五粮液集团公司已经融合高校优势资源共建了一批创新研发共建平台，包括吸引高校优秀科研人才的五粮液集团博士后科研工作站，与四川轻化工大学共建的五粮液白酒学院，与四川大学华西医院共同建设的华西五粮液健康产业创新研究院（图5-1）和华西五粮液大健康中心，与四川轻化工大学、四川西科种业股份有限公司等联合申报的"四川省酿酒专用粮工程技术研究中心"，与宜宾学院共建的固态发酵资源利用四川省重点实验室，与江南大学和四川大学共建的中国轻工业浓香型白酒固态发酵重点实验室，与江南大学、北京工商大学共建的校企协同创新实验室（图5-2）。

图 5-1　华西五粮液健康产业创新研究院

图 5-2　协同创新实验室

2. 项目合作

五粮液集团公司与地方高校之间优势互补，共同申报重点科研项目，以重大课题项目为牵引，与高校之间展开了科研合作与交流，为服务地方经济和社会发展做出了突出贡献。例如，五粮液旗下子公司普什联动公司联合西南交通大学等五家单位共同申请、承担的国家863计划海洋技术领域深海集成油压动力源工程化及系列化研究，联合四川轻化工大学川酒文化国际传播研究中心、四川大学欧盟研究中心等众多科研机构开展的五粮液酒文化国际传播项目，五粮液旗下子公司普什醋纤公司与四川大学高分子研究所合作的改善三醋酸纤维素光学性能的产学研合作项目等。

3. 校企合作

为提升企业技术和管理创新能力，增强企业内生发展动力和核心竞争力，提高企业员工的综合素质与能力，五粮液集团公司与优势院校共同介入人才培养的全过程，努力形成与院校相结合的育人模式。一方面支持并鼓励企业员工到目标院校深造、进修学习；另一方面为高校学子提供教学实训基地，联合学校举办科创比赛项目，吸引优秀学子到五粮液集团公司工作。截至目前，五粮液集团公司与四川大学、中国人民大学、重庆大学、西南财经大学、宜宾学院、宜宾职业技术学院等高校建立了合作机制。

4. 经费保障

① 五粮液集团公司于2009年出资99万元在清华大学设立了"五粮液科技·久久励学基金"，奖励清华大学家庭经济困难、学习勤奋、成绩优秀、生活简朴的本科生，并于2016年续捐260万元。2021年，五粮液集团公司和清华大学签订"清华之友——宜宾英才奖学金捐赠协议书"，分3次每年向清华大学捐赠人民币20万元，

用于研究生综合优秀奖学金。

②2017年5月，五粮液集团公司向成都电子科技大学捐赠1000万元，用于设立五粮液杰出贡献奖、五粮液科技特别奖、五粮液奖教金和五粮液奖学金。

③2017年11月，五粮液集团公司向中国人民大学捐赠1000万设立"五粮液教育基金"，旨在奖励中国人民大学德才兼备、工作踏实，在教学、科研与服务工作中做出突出贡献和业绩的教职员工和品学兼优的学生。

④2017年12月，五粮液集团公司与四川轻化工大学签署了《五粮液白酒学院合作协议》。每年设1000万五粮液技术创新项目资金，用于在酿酒生产、技术、管理、营销等多方面开展的多样化合作。

⑤2019年9月，五粮液集团公司与四川大学签署1亿元捐赠协议，用于设立"五粮液—四川大学高端人才专项基金"，主要用于高端人才引进、聘用等，支持四川大学世界一流大学建设。

⑥2021年，五粮液集团公司出资2亿元参与设立"宜宾市支持两院院士和国青人才创新创业10亿元基金"，支持两院院士、国青人才来宜创新创业，助力宜宾经济社会发展。

（二）国际示范：出国门勇当先锋

当前中国白酒的海外市场占比不到1%，白酒的国际化之路任重而道远。但是白酒国际化是百年大计，五粮液集团公司秉持国企担当勇担先锋，联合行业协会和企业，通过加强媒体呼吁、政府间协调沟通等多种方式，按照"跟着中国外交走出去、跟着中国餐饮走出去、跟着中国企业走出去"总体原则,深度融入"一带一路",坚定不移地实施国际化战略,努力打造"中国酒＋中国菜""展示＋品鉴""产品＋文化"的国际化发展新模式。

1. 落实"走出去"战略

以国际国内高端活动为平台,积极实施"走出去"战略。五粮液已成为APEC中国工商理事会理事单位、2020年迪拜世博会中国馆官方合作伙伴和迪拜世博会中国馆官方指定用酒、博鳌亚洲论坛荣誉战略合作伙伴(图5-3)和博鳌亚洲论坛年会指定用酒;产品支持G20峰会、博鳌亚洲论坛、夏季达沃斯论坛等重要国际舞台,持续在俄罗斯、奥地利、捷克、以色列等"一带一路"沿线举办高端品牌推介活动。五粮液参加了首届香港"一带一路"国际食品展(图5-4),2022年中国国际进口博览会(图5-5)。

图 5-3　博鳌亚洲论坛荣誉战略合作伙伴

图 5-4　五粮液参加首届香港"一带一路"国际食品展

图 5-5　2022 年中国国际进口博览会

2. 拓展品牌影响力

以海外营销中心为支撑，持续扩大海外品牌影响力和市场份额。五粮液在海外建设亚太、欧洲、美洲三大海外营销中心，以差异化、整合式、渗透性的国际合作模式来满足海外不同目标群体的需求，用国际语言讲述中国白酒故事，在全球释放五粮液品牌效应，塑造"中国的五粮液，世界的五粮液"品牌形象，拓展五粮液品牌在国际高端圈层中的广泛影响力，拓展五粮液在海外的市场份额。截至2021年底，五粮液的海外经销商达到60余家，产品直接或间接销往全球50多个国家和地区，亚太市场主要销往日本、韩国、新加坡、中国澳门、中国香港等地；欧洲市场主要销往英国、德国、法国、瑞士、西班牙等地；美洲市场主要销往美国、巴拿马、智利、阿根廷、秘鲁等地。浓香系列酒主要销往美国、加拿大、法国、西班牙、希腊、日本、韩国、哈萨克斯坦、中国香港等国家或地区。

3. 建设五粮液大酒家

以"中国酒＋中国菜""展示＋品鉴""产品＋文化"的海外运营模式，在国际大都市建设一批五粮液大酒家。东京五粮液大酒家成功于2020年12月开始试营业，并承办了深受当地民众喜爱的第四届"四川美食节"；香港五粮液大酒家也于2021年6月投入试营业。以此为圆心辐射，五粮液在韩国、东南亚等地的市场占比进一步扩大，有力的推动中国白酒加快进入"筷子文化圈"，助力中国白酒提升在全球酒类中的市场份额和影响力。

近年受新冠疫情影响，五粮液克服线下活动难开展的实际困境，主要通过品牌活动、赞助活动以及终端支持等形式进行品牌宣传和推广，提高五粮液品牌知名度，积极努力寻找机会提升五粮液在国际交流中的良好形象，相继参与全球文化中国·水立方杯全球中文歌曲大赛、德国CHEF-SACHE美食展、希腊第四届全球华语朗诵大赛、俄罗斯"川渝味道"三周年店庆暨五粮液鸡尾酒品鉴活动、英国城国际五粮液专场宣传，以及杭州2021"国际茶日·大师品茶暨晚宴"活动，取得了积极反响和良好效果。

奖励·荣誉篇

（一）"企业典范"：社会高度认可

　　青山绿水酿美酒，生态文明建设"立潮头"。高质量发展要求
推动绿色发展、加强生态文明建设。五粮液集团公司作为白酒行业
龙头企业，通过制度上的优势，持续提升技术水平，减小环境污
染，提高产品供应效率和市场竞争力，不断推动公司的发展。在行
业内率先倡导绿色环保理念，注重清洁生产、循环利用、节能减
排。从可持续发展的角度出发，通过自主创新，摸索出了一套变废
物为资源、在治理中求效益的循环经济模式，并获得了社会各界的
高度认可。

1. 循环经济建设

　　五粮液集团公司循环经济建设不仅产生了直接的经济效益和环
保效益，同时也产生了良好的社会效益，得到国家、地方政府的肯
定和社会的普遍认可。2006年国家环保总局将公司作为全国清洁
生产示范单位。2006年6月25日，由中国酿酒工业协会组织的白
酒产业循环经济现场交流会在五粮液集团公司隆重召开，全国白
酒企业前50位的企业代表参加了此次会议，代表们对五粮液集团
公司通过多年的不懈努力，在酿酒行业首次实现了对丢弃酒糟资源
的深度链式开发取得的一系列成果赞叹不已，不少厂家还积极与五
粮液集团公司联系，洽谈技术转让事宜。五粮液集团公司的资源链
式开发利用的思想，对整个行业循环经济建设和促进社会可持续发
展，具有积极的示范作用。

2. 社会高度评价

五粮液集团公司经济效益、环境效益和社会效益十分显著，大幅提升园区绿色竞争力，获得了社会各界高度评价：1993年6月，被国家环境保护局评为全国环境保护先进企业（如图6-1）；1999年6月，被国家水利部评为全国水土保持生态环境建设先进单位（如图6-2）；2004年10月，首批获得四川省"生态工业园区"称号，是当时全省唯一获此殊荣的食品生产企业，也是全省产业园区中最大的园区；2005年10月，被国家六部委列为"全国循环经济试点单位"；2006年，被国家环保总局列为"全国清洁生产示范单位"；2010年7月，获第三届世界环保大会世界低碳环境中国100强企业称号（图6-3）；2011年1月，被中国环境报评为"全国环保优秀品牌企业"；2011年11月，被中国资源综合利用协会评为全国资源综合利用年度影响力企业；2012年12月，入选"中国上市公司环境责任百佳企业榜"，荣获"环境保护优秀企业"称号；2013年，获"绿色中国•2013环保成就奖"（杰出企业社会责任奖称号）（图6-4），获"四川省环境和资源综合利用先进单位"称号；2014年，获世界环保大会组委会评定的"国际碳金奖（中国绿效企业最佳典范奖）"（图6-5），为国家第一批循环经济试点示范单位正式通过国家发改委验收等；2015年4月，获"节能减排群众创新体系建设"全国设备管理创新成果一等奖；2016年1月获中国绿色资本盟成员证书；2019年获得"四川省工业资源综合利用基地（园区、企业）"称号。

图 6-1　全国环境保护先进企业奖牌

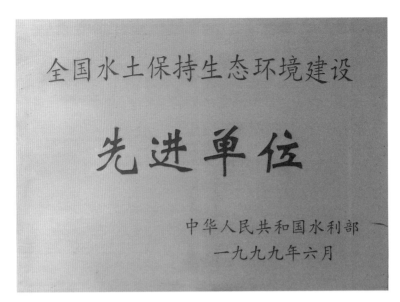

图 6-2　全国水土保持生态环境建设先进单位奖牌

图 6-3　世界环保大会荣登百强榜

161

图 6-4　绿色中国杰出企业社会责任奖证书

图 6-5　国际碳金奖（中国绿效企业最佳典范奖）证书

（二）"国家名酒"：屡次奖项认证

自1915年在巴拿马万国博览会崭露头角，开启中国白酒国际化征程，五粮液酒相继在世界各地的博览会上荣获48项金奖，之后连续获得国家名酒、中国驰名商标、中华老字号、百年世博、百年金奖等上百项国内国际荣誉以及专业认证（表6-1～表6-3）。

1. 国内奖项及认证

1963年第二届全国评酒会上经过层层选拔，五粮液在众多白酒品类中脱颖而出名列第一，被国家轻工业部授予国家"名酒"称号（图6-6）后连续四次蝉联国家"名酒"称号。

图6-6　1963年第二届全国评酒会金质奖章

1984年，五粮液牌、交杯牌五粮液（大曲浓香）荣获国家优质产品金质奖章（图6-7）；其商标"五粮液"1991年被评为首届"中国驰名商标"（图6-8）。

图 6-7　1984 年国家优质产品金质奖章

图 6-8　1991 年首届"中国驰名商标"奖牌

1988年，五粮液凭借优秀的制造技术和对生产质量的严格把关，获得了行业第一张产品质量认证证书（图6-9），并载入史册。

1990年，五粮液第一次荣获国家质量管理奖（图6-10）。

1998年，"五粮液酿酒窖池群及附属建筑"被列入"四川省文物保护单位"。

2003年，五粮液荣获"全国质量管理奖"（后改名为全国质量奖），之后又在2011年和2021年再获该奖（图6-11），是国内白酒行业唯一四次荣获该奖的企业。

2005年，五粮液古窖泥被中国国家博物馆永久收藏，是目前中国国家博物馆收藏的唯一的"活国宝"；同年被中华人民共和国商务部评选为"中华老字号"（图6-12）。

2008年，五粮液酒传统酿造技艺被国务院列入"国家级非物质文化遗产"（图6-13）。

2012年，"五粮液老作坊"入选"中国世界文化遗产预备名单"（图6-14）。

2013年，"五粮液老窖池遗址"被国务院核定为"第七批全国重点文物保护单位"。

2018年，五粮液窖池群及酿酒作坊被工业和信息化部列入"国家工业遗产"（图6-15）。

2021年，五粮液品牌价值位居"中国最佳品牌"第17位（图6-16）。

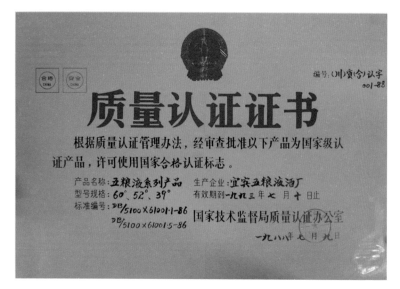

图 6-9 行业第一张产品质量认证证书

图 6-10 国家质量管理奖证书

图 6-11　全国质量奖奖牌

图6-12　中华老字号

图6-13　"国家级非物质文化遗产"证书

图 6-14　"中国世界文化遗产预备名单"证书

图 6-15　国家工业遗产

图 6-16 "中国最佳品牌"第 17 位证书

2. 国际奖项及认证

1994年，五粮液酒厂经法国国际检验局认证，获得了法国BVQI国际认证证书。

1995年，五粮液酒厂在第50届国际统计大会上，荣获"中国酒业大王"称号（图6-17）。

2021年，五粮液品牌价值位居"亚洲品牌500强"第35位（图6-18）、"全球品牌500强"第61位（图6-19）。

2022年，五粮液品牌价值位居"全球品牌500强"第59位（图6-20）。

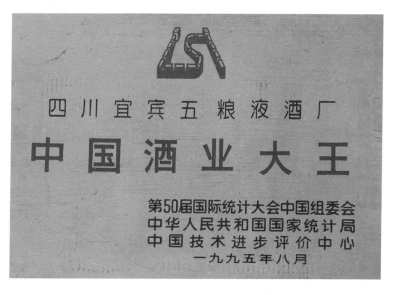

图6-17　1995年第50届国际统计大会"中国酒业大王"称号证书

图 6-18　2021 年"亚洲品牌 500 强"第 35 位证书

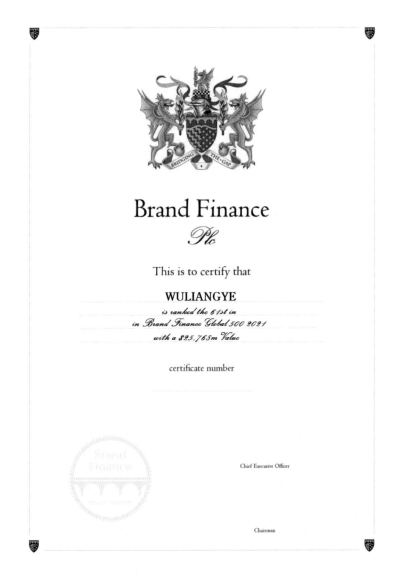

图 6-19　2021 年"全球品牌 500 强"第 61 位证书

探秘
五粮液

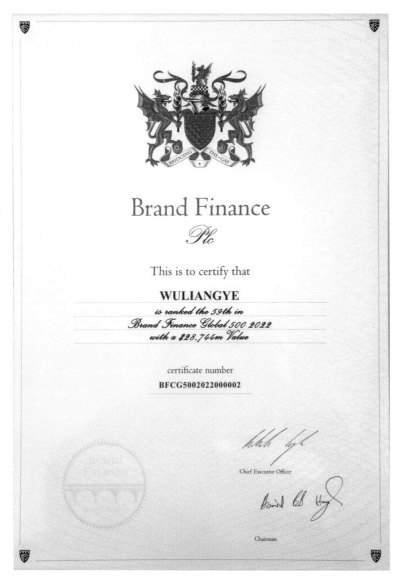

图 6-20　2022 年"全球品牌 500 强"第 59 位证书

表6-1 国际级奖项详列

序号	获奖年度	获奖荣誉
1	1915年	美国巴拿马博览会国际金奖
2	1988年	香港第六届国际食品展览会上获产品金龙奖、企业金龙奖
3	1989年	日本关西国际食品展酒类金质奖
4	1991年	泰国国际酒类博览会金质奖
5	1991年	保加利亚普罗夫迪夫国际博览会金奖
6	1992年	德国莱比锡国际博览会金奖
7	1992年	美国纽约国际白酒与饮料博览会金奖
8	1992年	意大利波伦亚国际博览会金奖
9	1992年	法国巴黎第十五届国际食品博览会金奖
10	1993年	俄罗斯圣彼得堡国际日用消费品博览会金奖
11	1993年	德国汉堡春季博览会特别金奖
12	1993年	英国伦敦首届国际世贸中心评酒会特别金奖
13	1993年	英国伦敦首届国际世贸中心评酒会金奖
14	1993年	新加坡国际名优产品博览会金奖
15	1993年	新加坡国际名优产品博览会新秀金奖
16	1993年	德国柏林国际酒类与饮料博览会金奖
17	1994年	德国柏林国际酒类与饮料博览会特别金奖
18	1994年	美国纽约国际白酒、葡萄酒、 啤酒及饮品博览会金质奖
19	1994年	中国北京第五届亚太国际贸易博览会金奖
20	1994年	法国第三届国际饮料酒和饮料及仪器博览会特别金奖
21	1994年	美国巴拿马国际名酒饮料及食品博览会特别金奖

序号	获奖年度	获奖荣誉
22	1995年	日本东京第三届国际名酒博览会特别金奖
23	1995年	美国巴拿马第十三届国际贸易博览会金奖
24	1995年	美国纽约国际食品交易博览会金奖
25	1996年	中国北京国际食品及加工技术博览会金奖
26	1996年	美国休斯敦国际白酒与饮料博览会金奖
27	1999年	美国世纪之星包装奖
28	1999年	第二十届世界建筑师大会 "当代中国建筑艺术创作成就奖"
29	1999年	智利国际食品博览会特别金奖
30	2000年	智利国际食品博览会金奖
31	2002年	法国巴黎名酒名茶博览会最高荣誉奖
32	2002年	美国巴拿马第20届国际商展白酒类金奖
33	2010年	世界低碳环境中国推动力100强
34	2011年	第6届亚洲品牌500强
35	2011年	第6届亚洲品牌盛典中国品牌价值冠军
36	2014年	中国品牌100强
37	2015年	意大利米兰世博会百年金奖
38	2015年	意大利米兰世博会金奖产品
39	2015年	意大利奥尔维耶托市最喜欢的中国白酒品牌金奖
40	2015年	意大利米兰世博会杰出参展企业奖牌
41	2015年	意大利米兰世博会最受海外华人喜爱的白酒品牌
42	2016年	中国绿效企业最佳典范奖杯

序号	获奖年度	获奖荣誉
43	2017年	亚洲品牌500强
44	2017年	互联网＋创新竞争力信用企业
45	2017年	互联网＋重点信用认证企业
46	2017年	世界品牌500强
47	2018年	最具传播价值中国民族品牌

表6-2　国家级奖项详列

序号	获奖年度	获奖荣誉
1	1984年	国家金质奖章
2	1990年	国家质量管理奖
3	1991年	中国驰名商标称号
4	1995年	中国酒业大王
5	2003年	中国白酒工业2003年度百强企业
6	2003年	全国质量管理奖
7	2004年	中国白酒工业2004年度经济效益十佳企业
8	2004年	中华环境保护基金会绿色产品奖
9	2004年	中国白酒工业2004年度百强企业
10	2004年	2004年首届中国白酒科学技术大会一等奖
11	2005年	2005年中国企业500强
12	2005年	2005年中国制造业企业500强
13	2005年	全国食品工业科技进步优秀企业五连冠
14	2005年	中国食品工业百强企业

续表

序号	获奖年度	获奖荣誉
15	2005年	中国白酒工业2005年度经济效益十佳企业
16	2005年	全国文明单位
17	2005年	全国工业旅游示范点
18	2005年	中华老字号
19	2005年	2005年中国最大500家企业集团
20	2005年	2005年食品工业科技进步优秀企业六连冠特别荣誉奖
21	2005年	五粮液明代地穴式曲酒发酵窖古窖泥被中国国家博物馆永久收藏
22	2006年	2006年中国制造业500强
23	2006年	2006年中国企业500强
24	2006年	2005—2006年度中国食品工业质量效益卓越奖
25	2006年	2005—2006年度食品工业科技进步优秀企业奖
26	2006年	2005—2006年度中国食品工业协会科学技术奖一等奖
27	2006年	2006年中国最大500家企业集团
28	2007年	2007年中国企业500强
29	2007年	2007年中国制造企业500强
30	2008年	2008年中国最佳诚信企业
31	2008年	2008年中国慈善奖
32	2008年	国家级非物质文化遗产——蒸馏酒传统酿造技艺五粮液酒传统酿造技艺
33	2008年	2008年中国白酒制造业十强企业
34	2008年	2008年中国食品工业百强企业

序号	获奖年度	获奖荣誉
35	2009年	2007—2008年度 食品工业科技进步优秀企业七连冠特别荣誉奖
36	2009年	中华慈善突出贡献单位奖
37	2009年	2008年中国最大500家企业集团
38	2009年	2009年中国企业500强
39	2008年	2007—2008年度中国食品工业质量效益卓越奖
40	2009年	2009年最具影响力企业
41	2010年	中国白酒制造业十强企业
42	2010年	中国食品工业百强企业
43	2010年	中国大型工业企业集团500强
44	2010年	亚洲品牌500强
45	2010年	中国食品工业实施卓越绩效模式先进企业
46	2010年	2010年中国食品工业出口百强企业
47	2010年	2010年中国轻工业酿酒行业十强企业
48	2010年	世界知识产权组织 中华人民共和国国家工商行政管理总局中国商标金奖
49	2010年	2010年度白酒制造行业销售十强企业（第一名）
50	2010年	2009—2010年度食品工业科技进步优秀企业奖
51	2010年	2009—2010年度 食品工业科技进步优秀企业八连冠特别荣誉奖
52	2011年	世界知识产权组织 中华人民共和国国家工商行政管理总局中国商标金奖
53	2011年	全国实施卓越绩效模式先进企业

续表

序号	获奖年度	获奖荣誉
54	2011年	全国文明单位
55	2011年	全国质量奖
56	2012年	第七届"中华慈善奖"
57	2012年	全球卓越绩效奖
58	2012年	2012年白酒制造行业销售十强企业第一名
59	2012年	2012年白酒制造行业效益十佳企业第一名
60	2012年	中国世界文化遗产预备名单 中国白酒老作坊宜宾五粮液老作坊
61	2013年	白酒制造行业销售十强企业（第一名）
62	2013年	2013年白酒制造行业效益十佳企业（第一名）
63	2013年	中国品牌100强
64	2014年	中国企业文化影响力十强
65	2013年	国家工商管理总局 2012—2013年度 "守合同重信用"企业
66	2015年	2014—2015年全国轻工行业信息直报工作先进单位
67	2017年	中国国际商标品牌节金奖
68	2017年	中国轻工业酿酒行业十强企业总排名第一
69	2017年	中国轻工业酿酒行业十强企业
70	2017年	2017年最受投资者尊重的百强上市公司
71	2017年	2017年中国酒类流通协会优秀会员
72	2017年	2017年金牛最具投资价值奖
73	2017年	全国文明单位

续表

序号	获奖年度	获奖荣誉
74	2017年	2017年中国最具影响力企业
75	2018年	第十二届人民企业社会责任年度扶贫奖
76	2018年	中国酒业营销金爵奖、领军企业奖
77	2018年	全国轻工行业先进集体
78	2018年	中国酒业最受尊敬上市公司金亨奖
79	2018年	全国质量诚信标杆示范企业
80	2018年	中国上市公司品牌价值榜100位
81	2018年	改革开放40年中国酒业功勋企业
82	2018年	2018年中国500最具价值品牌
83	2018年	2018年中国财经智库年会领军企业
84	2018年	第十二届中国上市公司价值评价价值百强前十强
85	2018年	第十三届中国上市公司 "金圆桌奖"论坛"最佳董事会"
86	2018年	第十二届中国品牌节华谱奖
87	2018年	中国品牌50强
88	2018年	改革开放40年40品牌
89	2018年	全国白酒行业领军企业
90	2018年	全国质量诚信标杆典型企业
91	2018年	最具传播价值中国民族品牌
92	2018年	全国质量标杆奖
93	2018年	中国百强企业奖
94	2018年	第二批国家工业遗产

序号	获奖年度	获奖荣誉
95	2021年	"中国最佳品牌"第17位、 "亚洲品牌500强"第35位、"全球品牌500强"第61位
96	2022年	"全球品牌500强"第59位

表6-3　所获认证详列

年份	名称	证书类型
1994年	中国五粮液酒厂	法国BVQI国际认证证书
1995年	中国五粮液酒厂	法国BVQI国际认证证书
2003年	尖庄	产品认证证书
2003年	五粮春	产品认证证书
2003年	五粮醇	产品认证证书
2003年	五粮液	产品认证证书
2005年	宜宾五粮液集团有限公司	卓越组织管理证书
2006年	五粮液	酒类产品质量等级认证
2006年	五粮液	首批国家酒类产品质量等级认证
2007年	四川宜宾五粮液集团有限公司	基于HACCP的 食品安全管理体系认证
2008年	五粮神	环境管理体系认证
2008年	五粮液	环境管理体系认证
2008年	五粮春	环境管理体系认证
2008年	五粮醇	环境管理体系认证
2008年	尖庄	环境管理体系认证
2008年	仙林果酒有限责任公司	质量管理体系认证证书

续表

年份	名称	证书类型
2008年	宜宾五粮液葡萄酒有限责任公司	质量管理体系认证证书
2008年	四川省宜宾五粮液酒厂有限公司	质量管理体系覆盖的 分场范围认证
2008年	四川省宜宾五粮液酒厂有限公司	质量管理体系浓香型 白酒设计开发生产认证
2008年	四川省宜宾五粮液酒厂有限公司	食品安全管理体系认证确认
2008年	四川省宜宾五粮液酒厂有限公司	产品合格认证
2010年	四川省宜宾五粮液酒厂有限公司	职业健康管理体系认证
2010年	四川省宜宾五粮液酒厂有限公司	集团公司职业健康 安全管理体系认证
2010年	宜宾五粮液集团有限公司 及所属分公司	职业健康安全管理体系认证
2010年	宜宾五粮液股份有限公司	职业健康安全管理体系认证
2011年	四川省宜宾五粮液酒厂有限公司	四川省浓香型 大曲酒标准化生产示范企业认证
2011年	四川省宜宾五粮液酒厂有限公司	管理体系运行优秀单位
2013年	四川宜宾五粮液集团有限公司	2012中国企业信用100强
2013年	四川宜宾五粮液股份有限公司	职业健康安全管理体系认证
2013年	四川宜宾五粮液集团有限公司	职业健康安全管理体系认证
2013年	四川宜宾五粮液集团有限公司	诚信示范经营认证企业
2017年	四川宜宾五粮液集团有限公司	互联网+重点信用认证企业
2017年	四川宜宾五粮液集团有限公司	诚信示范经营认证

（三）"强国之光"：世博会摘金奖

横亘百年，五粮液两次夺得世博会金奖，成为我国白酒史上唯一两次获此殊荣的企业。五粮液凭借其深厚的中国传统文化，已跻身于国际名酒品牌之列。在米兰世博会的颁奖典礼上，五粮液被授予多个奖项殊荣。

1. 巴拿马国际金奖

1915年，万国商品博览会在美国加州首府旧金山召开。百罐陈年五粮液远渡重洋，千里迢迢到达遥远的太平洋彼岸，第一次踏出国门参加巴拿马万国博览会，向世界展示了中国博大精深的酒文化，开创了中国白酒国际化的先河。万国博览会上，来自世界40多个国家的500多个团体，带来了上万种产品参展。各国都送来了最好的美酒，法国的白兰地、德国的啤酒、俄国的伏特加、英国的威士忌、美国的香槟，都被摆放在显著的位置，而五粮液则被摆放在一个过道的角落里。在众多包装精美、瓶型精致的洋酒中，外包装呈土陶罐的五粮液显得低调含蓄，时任"利川永"老板急中生智，打开一瓶，瓶开之处酒香四溢，引得旁人蓦然回首、赞美不绝。五粮液于是大受光顾、备受喜爱，进而在一片赞誉声中，五粮液独揽风光，获得本次巴拿马万国博览会金奖（图6-21），作为中华传统文化的代表，五粮液为国争得了荣誉。

图 6-21　1915 年巴拿马博览会国际金奖证书

　　新中国成立后，尤其是改革开放后五粮液进入了快速发展期。在改革开放之初五粮液年生产能力只有3000多吨，是人数不到千人的小企业，然而公司抓住市场机遇，用短短20多年的时间就发展成为亚洲最大的白酒生产基地，成为名副其实的"中国酒业大王"。1995年五粮液再次来到第十三届巴拿马国际博览会，这次展示在世界面前的，不再是简陋的土陶罐，而是精致的琼浆玉瓶，也不再是百余平方米的小酒坊，而是通过了国际质量认证的十里酒城。时隔80年五粮液再获巴拿马国际金奖。

2. 米兰世博会金奖

2015年意大利米兰世博会中国企业联合馆米兰站颁奖典礼在米兰商业宫举行，来自大熊猫故乡中国四川的名酒五粮液一举囊获"最受海外华人喜爱白酒品牌"（图6-22）、"世博金奖产品"（图6-23）、"百年世博　百年金奖"（图6-24）等多项殊荣，续写百年辉煌。

图6-22　意大利米兰世博会"最受海外华人喜爱白酒品牌"奖牌

图 6-23　意大利米兰"世博金奖产品"奖牌

图 6-24　意大利米兰"百年世博　百年金奖"奖牌

（四）"中国名片"：地理标志产品

地理标志是表明产品产地来源的重要标志，属于知识产权的一种，是保护特色产品出口的利器。五粮液作为中国浓香型白酒的典型代表和飘香世界的"中国名片"，成功入选"中欧地理标志产品清单"，获得欧盟地理标志产品认证。

1. 签署地理标志协定

2019年11月6日，在中法国家领导人的共同见证下，中国商务部部长钟山与欧盟农业委员霍根共同签署了《关于结束中华人民共和国政府与欧洲联盟地理标志保护与合作协定谈判的联合声明》（如图6-25），宣布结束中欧地理标志保护与合作协定谈判，并将双方各275项地理标志产品纳入文本协定附录。2020年9月14日，中国与欧盟签署《中华人民共和国政府与欧洲联盟地理标志保护与合作协定》，第一批100个知名地理标志将立即生效，五粮液作为第一批入选的产品，是中国白酒的典型代表和飘香世界的"中国名片"。

2. 入选地理标志清单

五粮液成功入选"中欧地理标志产品清单"，获得欧盟地理标志产品认证，有利于相关产品开拓市场，标志着中欧各界对五粮液优异品质及其在欧洲及全球市场影响力的认可，将为五粮液加快进入欧盟市场创造重要商机和更加便捷的贸易条件，有利于五粮液进一步完善全球营销网络，将这杯品质与文化俱佳的美酒带给全球更多消费者。同时，得到素以食品监管严苛著称的欧盟的认可，将进一步提升五粮液在欧盟乃至全球的品牌影响力和美誉度。随着以五粮液为代表的中国白酒更快走进欧盟千家万户，中华优秀传统文化"以酒为媒"在世界范围也将走得更远。

图 6-25 钟山部长签署
《中华人民共和国政府与欧洲联盟地理标志保护与合作协定》

价值·理念篇

（一）优化政策：创新管理制度

五粮液集团公司充分利用良好的工作环境和生活环境，对员工"潜移默化"的教育方式起到积极的效果。在管理方面，公司出台和完善了一系列的优惠政策和激励制度，进一步促进了企业的发展。

1. 健全管理制度

五粮液集团公司出台和不断完善《科技工作管理办法》《博士后工作站管理办法》《专利管理实施办法》《宜宾五粮液股份有限公司科技成果奖励实施办法》等一系列优惠政策和激励机制。

在科技项目研发上实行项目负责人主体责任制，项目负责人对其承担的项目进行管理。项目的申报到成果应用规定了严格的步骤和流程，包括项目前期调研、申报、评审、立项、备案、评估、持续改进、激励、结题、验收、鉴定及成果奖项申报等一系列流程。

2. 完善激励制度

五粮液集团公司不断完善一系列科技及人员激励机制，公司内部科技成果奖分为九个等级，其中奖金最高额度由以前的200万元提升到500万元。对于有突出贡献的项目和科技成员个人授予"科技能手"的荣誉称号，提供出国旅游、奖励专家楼住房等优惠政策。该制度自实施以来，已有多个项目、多人次获得了不同等级的奖励。公司将人才划分为顶尖人才、领军人才、骨干人才、基础人才四大类，为了引进、培养、使用和留住人才，五粮液集团公司综合性运用了安家补助、创业补助、学历补助、职称补助、技能提升补助等政策，对不同人才类别其享受的补助不等，如安家补助最低一次性享受15万元。

3. 潜移默化式教育

五粮液集团公司在思想教育活动中，一直以培养优秀人才为己任，大力倡导"示范型"的思想政治工作。公司党委历来十分注重挖掘、培养人才，对企业员工中代表工人阶级的先进文化趋向的典型事件进行宣传，通过身边人讲述身边事、身边事教育身边人的方法让员工进行自我反思、自我提升。企业还定期开展"做新世纪合格五粮液人""我身边的五粮液人""五粮液人看五粮液"等主题教育活动，让员工从思想上提高自身整体认知。

除了传统的"灌输式"教育模式以外，还创新实施了很多思想工作方法，如，公司从自身实际出发，精心展示了中国与宜宾的酿酒发展史和五粮液的演变史，在十里酒城精心设计制作了一大批有公司鲜明特色的标志性建筑和雕塑、壁画等大型艺术品。在厂区，有浮雕长廊与"金杯大道"，展示了五粮液的辉煌历史；有鼓舞人心的"奋进塔"（图7-1），寄寓着五粮液人永远跑在时间前面；有五粮液酒瓶造型的品字形"瓶楼"（图7-2），表示着五粮液人要高品位地奉献给消费者，奉献给社会；有展现五粮液人雄鹰般凌云壮志和现代人科学智慧头脑相结合的人面鹰身雕塑……在员工经常活动的重点区域，尽力营造一种充满特色的生活环境和文化氛围，用间接的方式引导员工自我体验、感知、认同企业的价值观、企业精神、经营理念等。公司还创作了三十多首企业文化歌曲，编拍了多个企业小故事，并通过多种渠道进行循环播放。通过这种方式，将思想教育工作变"无形"为"有形"、变"软件"为"硬件",让职工能够在无强制要求的前提下,潜移默化中接受先进思想的教育和熏陶。

图 7-1　奋进塔

图 7-2　五粮液酒瓶造型的品字形 "瓶楼"

（二）综合发展：多元人才培养

人才是企业竞争的核心要素，打造高质量的企业首先需要高素质的人才。五粮液集团公司历来高度重视人才队伍的建设工作，为进一步培养和发掘人才，五粮液集团公司创新性地采取了多种举措"唯才是举""求贤若渴"，采用多方面培养、引进、使用人才的综合性措施。

1. 人才引进

科技创新人才主要通过社会和校园招聘引进人才。通过"送出去、请进来"的方式，引进一批能够代表国际、国内一流水平，具有领军才能和团队组织能力的高层次人才，努力打造全行业乃至全世界一流的科研创新基地。

公司不断完善引才配套政策，开辟专门渠道，实现精准引进。实行特殊政策，对站在行业科技前沿、掌握关键核心技术的高层次人才给予重点支持，对高端人才的薪酬待遇采取"一人一策""一事一议"的方式予以确定，为人才配备良好的科研及办公条件，并建立公司领导联系制，不定期开展人才慰问、谈心交流，及时解决住宿、配偶工作等问题。公司创新引才机制，树立全球视野和战略目光，坚持"不求所有、但求所用"的引才理念，按照市场化原则，结合具体科研项目需求，依托"专家做项目育团队"和"专家带团队做项目"的模式，柔性引进多名国内外高端技术专家参与课题研究，助力公司发展。

截至2021年底，公司拥有国家非物质文化遗产项目代表性传承人1人，省级非物质文化遗产项目代表性传承人3人；专业技术职称人才近3000人（其中中高级职称1321人），职业技能人才1万余人（其中高技能人才4630人）；高层次人才方面，国务院政府津贴专家21人，天府峨眉计划1人，天府青城计划3人，国家级、省级技术能手15人，国家级酿酒大师5人，国家级白酒大师2人，中国首席白酒品酒师5人，国家级、省级白酒评委80余人；硕士、博士人才以上学历学位600余人。

2. 人才培养

酿酒技艺人才以内部培养为主。通过行业协会定期培训、公司内部技能竞赛和"传、帮、带"等措施对职工技能进行提升，大力弘扬"工匠"精神，使传统酿酒工艺传承有序。

（1）提供顶层制度保障

一是健全完善技能人才选拔培养体系，公司制定出台了《五粮液"工匠苗圃"管理办法》《五粮液"青酿工程"管理办法（试行）》《白酒尝评人才培养管理办法（试行）》《人才引进与培养管理办法》《"千百十人才工程"实施意见》等系列人才培养管理办法，对专业人才实施分类、分级、分段管理，并制订针对性的培训培养计划。二是建立奖优罚劣的制度体系。出台《员工教育培训管理制度》《员工教育培训考核办法》《员工在职学习教育管理规定》等系列管理制度，奖励表彰培训成果显著的单位和个人，鼓励员工自我提升。

（2）多渠道促进技术技能水平提升

一是依托技能提升平台开展培训。公司成功申报了四川省高技能人才培训基地，围绕白酒酿造、白酒尝评、机械加工技术专业开展各项技能人才能力提升培训；依托五粮液"工匠苗圃"，发挥劳模、工匠、白酒大师、技术能手等的"传、帮、带"作用和示范引领带动作用，在师带徒的基础上，构建了"漫灌+渠灌+滴灌"的制度化技能人才特色培养体系；公司拥有国家级、省级、市级技能大师工作室4个，通过工作室累计培养了千余名白酒酿造、白酒尝评、机械、印刷等领域的技能人才。二是依托政策支持，根据国家、省、市技能人才培训政策，积极开展新型学徒制培训、以工代训等技能人才培训活动，促进技能人才基本素质和技能水平的持续提升。三是建立技能导向激励机制，建立健全强调技能价值导向的薪酬分配体系，实现技能人才的绩效工资、技能津贴、一次性技能奖励与技能水平直接或间接挂钩。面向高级工、技师、高级技师按月发放技能津贴，对取得突出科技创新、突出技能贡献的工匠、大师、技术能手等进行公开表彰，并给予物质奖励。

（三）营销策略：战略高端产品

五粮液旗下的产品体系众多，最近几年也在品牌转变缩减自己的品牌系列。目前五粮液产品里比较核心的可以用"1+3"和"4+4"来概括。

1. "1+3"产品策略

"1+3"中的"1"即1个核心产品，着力做精做细核心产品第八代五粮液，强化第八代五粮液的大单品地位；"3"即3核心产品体系延展的3个维度。

第一个维度是打造以501五粮液为代表的"明代窖池酒"系列，被誉为"王冠上的明珠"。它是未来五粮液八大古窖坊系列产品中的代表作品，是五粮液品牌的价值标杆。

第二个维度是打造以经典为代表的年份系列，是公司倾力打造的战略性高端产品，未来它会与八代形成高端市场份额的双轮驱动。

第三个维度是打造以国际时尚·五粮液为代表的低度系列和个性化定制酒、文化酒系列，满足市场细分需求和未来更加多样化的消费需求。

2. "4+4"品牌策略

第一个"4"是重点打造"五粮春、五粮特头曲、五粮醇、尖庄"4款全国性的战略大单品；第二个"4"是布局"五粮人家、友酒、火爆、百家宴"4款区域性、个性化定位品牌，锁定主流价位、聚焦主导产品，打造大单品，形成各自的规模化区域市场。

公司拥有包括五粮液及五粮浓香酒在内的70多种系列酒产品，展现出了公司与时俱进的产品创新能力。

（四）质量管理：行业质量标杆

质量是企业的生命，产品质量、服务质量、经营质量的管理水平已成为现代企业竞争的核心。世界各国设立的政府质量奖是一个国家为表彰质量管理卓有成效的组织而设立的一种奖项，它依据全面、严密的评选标准和规范的评审程序选出典范组织，并将其管理方略和经验向全国推广，树立榜样，以推动整个国家的质量管理工作，是推进本国全面质量管理、提高企业竞争能力的有效途径和重要手段。我国目前的政府质量奖是由"国家质量管理奖"到"全国质量管理奖"到"全国质量奖"演化而来，五粮液是中国酒企中唯一四次获得该奖励的企业。

1. 全程溯源

五粮液作为中国白酒行业的龙头企业，认真贯彻落实党中央、国务院推动高质量发展决策部署，坚持以质量第一为价值导向，以转变质量观念、落实质量责任为切入点，提出"预防、把关、报告"三并重管控理念，把提升产品质量和不断追求卓越绩效作为强化核心竞争力的重要手段，大力开展质量提升行动，聚焦质量强企、全链条深化质量法治，聚焦品质保障、全覆盖推动管理创新，聚焦标准引领、集合力彰显平台作用，聚焦科技创新、大应用助推成果转化，运用信息化手段构建从粮食种植、包材验收到生产制造、运输、销售全过程质量和食品安全监管、全过程质量追溯机制，确保产品优质安全。五粮液一直以来秉持"质量是企业的生命，匠心酿好每一滴酒"的质量理念，践行"集五粮精华、守百年匠心、唯求完美酿造、永树品质标杆"的质量方针，持续提升品质，不断追求卓越，以"四个最严"保障产品质量安全。通过实施"质量效益型—质量规模效益型—品牌价值效益型"三大步跨越式发展战略，全面构建了一中心、五体系、七保障的质量管理模式，从责任落实、标准引领、技术支撑、制度建设四个维度确保质量管理在公司全面落地；通过严控专用粮基地准入标准，以种植适度规模化、技术生产标准化为突破口，利用智慧农业可视化技术，构建"从一粒种子到一滴美酒"的全程可溯源链条，形成种、收、储、运、交全产业链闭环品控体系；始终坚持建立并执行严于国际国内标准的企业内控标准体系，保持国内外市场所有产品同线、同标、同质，实现全过程可预防、可溯源、可管控。

在大质量理念、卓越绩效模式等质量观的指导下，公司通过"自上而下层层推进，模范引领全面卓越"的方式，多年来推进卓越绩效模式不断深入，形成独具五粮液特色的管理模式创新。

2．标准建设

质量提升，标准先行。五粮液历来高度重视标准化建设，成立了宜宾五粮液股份有限公司标准化技术委员会，设置标准化技术委员会办公室，实施"标准强企"战略。

五粮液是全国白酒标准化技术委员会浓香型白酒分技术委员会（SAC/TC358/SC2）秘书处承担单位，负责浓香型白酒领域国家、行业标准的制（修）订工作。公司在国家、省、市市场监管部门的指导下，充分发挥行业龙头企业的技术和资源优势，扎实开展技术研究和创新，及时将先进经验和科研成果转换为国家、行业、地方标准，服务整个行业发展。公司先后主导或参与制（修）订国家、行业、地方、团体标准30余项（见表7-1），为推动完善行业标准体系建设作出了重要贡献。

表 7-1 主导或参与制（修）订国家、行业、地方、团体标准清单

序号	标准编号	标准名称
1	GB/T 10781.1—2021	白酒质量要求　第1部分：浓香型白酒
2	GB/T 20822—2007	固液法白酒
3	GB/T 22211—2008	地理标志产品五粮液酒
4	GB/T 23544—2009	白酒企业良好生产规范
5	GB/T 24694—2009	玻璃容器白酒瓶
6	GB 50694—2011	酒厂设计防火规范
7	GB/T 31280—2014	品牌价值评价——酒、饮料和精制茶制造业
8	GB/T 36000—2015	社会责任指南
9	GB/T 33406—2016	白酒风味物质阈值品评指南
10	GB/T 33405—2016	白酒感官品评术语
11	GB/T 33404—2016	白酒感官品评导则
12	GB/T 15109—2021	白酒工业术语
13	GB/T 38372—2020	企业品牌培育指南
14	QB/T 4259—2011	浓香大曲
15	QB/T 4258—2011	酿酒大曲术语
16	QB/T 4257—2011	酿酒大曲通用分析方法
17	SB/T 10710—2012	酒类产品流通术语
18	SB/T 10713—2012	白酒基酒及基酒流通技术规范
19	SB/T 11000—2013	酒类行业流通服务规范
20	DB51/T 1815—2014	白酒感官质量省评委考核规范

序号	标准编号	标准名称
21	DB5115/T 33—2020	绿色设计产品评价技术规范多粮浓香型白酒
22	DB51/T 2861—2021	川酒（浓香型）年份酒术语
23	DB51/T 2862—2021	川酒（浓香型）年份酒生产规范
24	DB5115/T 26—2020	宜宾酿酒专用粮宜宾糯红高粱采购和检验技术规程
25	DB5115/T 27—2020	宜宾酿酒专用粮玉米采购和检验技术规程
26	DB5115/T 28—2020	宜宾酿酒专用粮稻谷采购和检验技术规程
27	DB5115/T 29—2020	宜宾酿酒专用粮宜宾糯红高粱生产技术规程
28	DB5115/T 30—2020	宜宾酿酒专用粮玉米生产技术规程
29	DB5115/T 31—2020	宜宾酿酒专用粮糯稻生产技术规程
30	DB5115/T 32—2020	宜宾酿酒专用粮水稻生产技术规程
31	DB5115/T 34—2020	酿酒废水人工生态湿地处理技术规范
32	DB5115/T 35—2020	多粮浓香型白酒职业技能竞赛规范
33	DB5115/T 36—2020	地理标志产品五粮醇酒生产技术规范
34	DB5115/T 37—2020	地理标志产品尖庄酒生产技术规范
35	DB5115/T 38—2020	地理标志产品五粮春酒生产技术规范
36	T/CBJ 2201—2019	白酒产品追溯体系
37	T/CBJ 2101—2019	白酒年份酒
38	T/511500YBAPS 01—2019	五粮浓香型白酒传统固态法酿造工艺规范

公司在贯彻实施国内外先进标准的同时，围绕生产经营需求，建立企业技术标准50余项（见表7-2），涵盖原辅料、生产工艺、分析方法、包装材料和产品等方面，构建了较为完善的企业技术标准体系。每年组织对企业技术标准进行评审，形成持续改进的标准体系，确保实施企业技术标准的先进性、有效性和可操作性，为保持公司高质量、高速度、高效益的健康发展提供了有力的技术支撑。

表7-2　企业技术标准清单

序号	标准编号	标准名称
1	Q/70906103-8.4—2019	加浆水卫生标准
2	Q/70906103-8.5—2018	大米
3	Q/70906103-8.6—2013	糯米
4	Q/70906103-8.7—2018	小麦
5	Q/70906103-8.8—2018	玉米
6	Q/70906103-8.9—2018	高粱
7	Q/70906103-8.16—2013	稻谷
8	Q/70906103-8.17—2018	瓦楞纸箱
9	Q/70906103-8.18—2018	玻璃酒瓶
10	Q/70906103-8.19—2018	陶瓷酒瓶
11	Q/70906103-8.20—2018	手工艺玻璃酒瓶
12	Q/70906103-8.21—2021	组合式瓶盖
13	Q/70906103-8.23—2014	酒产品对裱纸盒
14	Q/70906103-8.24—2014	酒产品烤标

序号	标准编号	标准名称
15	Q/70906103-8.25—2014	塑料、金属徽贴及标牌
16	Q/70906103-8.26—2018	3D立体防伪包装盒
17	Q/70906103-8.27—2014	酒产品标贴
18	Q/70906103-8.28—2014	酒产品手工、注塑包装盒
19	Q/70906103-8.31—2014	金属扭断防伪瓶盖
20	Q/70906103-8.32—2018	曲麦
21	Q/70906103-8.33—2018	谷壳
22	Q/70906103-8.34—2015	白酒生产用塑料制品中迁移物的定性筛查 电感耦合等离子体质谱仪法（ICP-MS）
23	Q/70906103-8.35—2015	白酒生产用塑料制品中迁移物的定性筛查 气相色谱-质谱联用法（LC-QTOF）
24	Q/70906103-8.36—2015	白酒生产用塑料制品中迁移物的定性筛查 感官评价方法
25	Q/70906103-8.37—2015	白酒生产用塑料制品的浸泡试验方法
26	Q/70906103-8.38—2015	白酒生产用塑料制品中迁移物的定性筛查 液相色谱-质谱联用法
27	Q/70906103-8.39—2014	高温大曲（出房曲）
28	Q/70906103-8.40—2018	包装容器迁移试验方法
29	Q/70906103-8.41—2018	与酒接触部件(包装材料)迁移试验方法
30	Q/70906103-8.43—2018	浓香型大曲（使用曲）

序号	标准编号	标准名称
31	Q/70906103-8.44—2018	高温曲酒酿酒工艺技术规范
32	Q/70906103-8.46—2016	二维码
33	Q/70906103-8.47—2016	白酒包装用热收缩套瓶标
34	Q/70906103-8.48—2017	酒包装连接件
35	Q/70906103-8.49—2017	酒包装缓冲垫（片）
36	Q/70906103-8.50—2017	白酒生产用粮食中360种农药残留快速筛查方法
37	Q/70906103-8.51—2017	酿酒用原辅料中108种农药残留量的测定　气相色谱-串联质谱法
38	Q/70906103-8.52—2020	酿酒废水排放标准
39	Q/70906103-8.53—2018	淀粉测定法
40	Q/70906103-8.54—2019	白酒生产用粮食中10种真菌毒素的快速筛查方法
41	Q/70906103-8.55—2019	酒产品外观质量要求
42	Q/70906103-8.56—2019	注塑类透明酒包装盒
43	Q/70906103-8.57—2019	白酒中金属元素筛查和快速定量方法
44	Q/70906103-8.58—2019	白酒中36种金属元素的测定方法
45	Q/70906103-8.59—2020	酿酒用高粱中蜀黍苷含量的测定　高效液相色谱-串联质谱法
46	Q/70906103-8.60—2020	浓香型白酒中己酸乙酯和乳酸乙酯碳稳定同位素检测方法
47	Q/70906103-8.61—2020	高温曲生产工艺技术规范

序号	标准编号	标准名称
48	Q/70906103-8.62—2021	白酒中14种甜味剂的检测方法　高效液相色谱-串联质谱法
49	Q/70906103-8.63—2021	白酒中糖醇类化合物的检测方法　高效液相色谱-串联质谱法
50	Q/70906103-8.64—2021	水的总硬度测定　离子色谱法
51	Q/70906103-8.65—2021	加工助剂　硅藻土
52	Q/70906103-8.66—2021	加工助剂　活性炭
53	Q/70906103-8.67—2022	本地糯红高粱（试行）
54	Q/WLY0001S—2021	低度浓香型白酒
55	Q/WLY0002S—2021	高度浓香型白酒
56	Q/JJJ0001S—2019	酱酒

（五）理念引领：绿色发展之路

　　五粮液始终如一地坚持走绿色发展之路，先后提出了"全员参与，珍惜资源、安全生态，创新发展""三废是放错位置的资源""污染治理要讲求经济效益"等先进理念，持续增强绿色发展能力。特别是2017年开启二次创业新征程以来，坚定不移贯彻新发展理念，坚持"生态优先、绿色发展"，践行"绿水青山就是金山银山"理念，高起点规划、高标准建设园区，加快园区整体改造升级，着力打造国际一流的酿酒生态产业园。在升级建设百万亩酿酒专用粮基地基础上，形成了以宜宾为核心、四川为主体，兼顾国内部分酿酒专用粮种植优势产区，在助力乡村振兴的同时，也进一步夯实了绿色发展能力。

1. 领导重视组织落实

公司高度重视可持续发展工作，1995年，在行业内率先提出了"三废是放错位置的资源""污染治理要讲求经济效益"等理念。建立了公司、车间、班组三级环境管理和能源管理网络，推进环境管理和节能降耗管理工作。2000年，成立了由集团董事长担任主任的环境管理委员会。2004年，设立能源设备部和环境保护监督部。2005年，成立了由集团董事长担任组长的循环经济领导小组。公司制定了《环境保护管理制度》《环境保护考核实施办法》《能源管理制度》《能源管理绩效考核办法》等管理制度。领导的高度重视和循环经济管理组织机构的完善，为公司可持续发展战略稳步推进提供了有力的组织保障。

2. 全面规划重点突破

公司在发展壮大的同时，逐步确立完善循环经济的观念。最初，单纯追求经济总量的增加，但由于环境污染与生态破坏造成的外部不经济性日益严重，成为了经济发展的重大障碍。公司发现，末端治理的方法虽能解决环境保护的问题，但投资和运行费用都很高。2000年，公司融合循环经济的先进理念，制订了以"努力节约资源，充分利用资源，无害化、效益化利用资源"为核心内容的公司环境方针，正式确立了循环经济的新观念。

在循环经济的新观念指导下，公司应用3R原则〔减量化

(reducing)，再利用（reusing），再循环（recycling）]，对生产经营过程中的资源消耗和污染物排放状况进行分析，白酒酿造过程主要消耗的资源有粮、曲、糠、蒸汽、水、电等，排放的"三废"主要有废水、废渣和烟气。因此，白酒企业发展循环经济，其首要目标是降低生产过程资源能源的单位产品消耗，从源头上削减污染物；其次是对酿酒污水和固体废弃物进行资源化利用。为此，公司制定了发展循环经济的战略规划：第一步，采用减量化原则优化管理和工艺，重点是改进管理，尽可能地降低资源消耗，削减污染物的产生量；第二步，在减量化基础上，对生产过程中的"三废"充分进行再利用，研究开发出酿酒废弃物资源化配套技术，形成循环经济雏形；第三步，扩大酿酒废弃物资源化成果，进一步完善酿酒废弃物资源化产业链条，形成基本的循环经济模式；第四步，综合运用减量化、资源化、3R原则，进一步优化管理和工艺装备，形成完备的白酒企业循环经济模式。

3. 舍得投入自主创新

发展循环经济必须开展自主创新，公司先后研发成功了"无害化、效益化处理丢弃酒糟工艺技术""底锅黄水生产乳酸及乳酸钙技术""超临界二氧化碳流体萃取技术""UASB及煤沼气混烧污水综合利用技术""平流式厌氧污水处理工艺技术"等多项技术，为发展循环经济提供了强大的技术支撑，累计投资7亿多元建设污染治理和循环利用设施。

而正是这种勇于创新、敢于实践的精神，才引领公司循环经济工作不断深入发展，取得良好绩效。同时也再次证明，结合企业实际开展自主创新，开发出适用企业实际情况的循环经济支撑技术，并实现工业化生产，才能在循环经济道路上越走越宽。

4. 酒副产品综合利用

酿酒副产物具有营养物质含量高、处理难度大的特点，处理不当会对环境造成较大的危害。因此，通过一定的后处理技术，将酒糟、废水、废气等副产物分级再利用，既保护环境，又可实现资源可持续利用。

为贯彻好"绿水青山就是金山银山"的精神，不断利用自身研发能力或者与第三方合作加大技术研发，把新技术、新管理运用到酿酒副产物的循环利用上，以酒糟生物发电工程筹建为抓手，持续加大投入，实现生物质能源的绿色化和余粮的吃干榨净。

5. 环境能源管理体系

2001年10月，公司通过了ISO14001国际环境管理体系认证。

2015年8月，公司建立能源管理体系。

2020年8月，建立温室气体体系。

（六）以人为本：带动社会经济

公司早在1985年就提出了"以人为本"的人才开发战略，把人才的开发和使用列入公司的重要日程，常抓不懈。

1. 以人为本促发展

过去几年，宜宾五粮液股份有限公司财报公布的营业收入从2017年的301.8亿元增长至2021年的662亿元，在全行业的销售占比从5.3%增至11%，增长了1倍；利润从96.7亿元增长至233.5亿元，在全行业的利润占比从9.4%增至13.7%，增长了45.7%；上缴税费由2017年的91.02亿元增至2021年的232.28亿元，增长了1.57倍。五粮液新增的销售收入和税费体现了国企的使命担当。近三年，五粮液公司每年现金分红比例均占当年净利润的50%左右，且现金分红总额屡创新高，2021年度分红总额达117.34亿元，创上市以来分红最高纪录。

就业是民生之本，五粮液在面对新冠疫情冲击的背景下，仍坚持以人为本的理念，以实现"共同富裕"为企业矢志不渝的追求，不仅不裁员不降薪，还根据经营状况适度提高员工收入。白酒作为典型劳动密集型产业，五粮液集团公司为5万余名员工提供了高质量就业岗位，并将企业价值与员工个人价值有机结合，坚持员工薪酬福利与企业发展同步提升。

2. 公益慈善创价值

五粮液坚持以公益促企业价值，不断推动企业和社会的和谐发展。针对全面脱贫工作，通过"公司投入、专业化运营、贫困群众共享"帮扶理念，形成五大特色扶贫长效机制，扶贫成效显著，5个对口帮扶村全部实现脱贫，3个产业扶贫基地成为示范典型，公司荣获国务院扶贫办"企业精准扶贫综合案例50佳"；针对理性饮酒工作，五粮液积极参与中国酒业协会酒与社会责任促进工作委员会工作，协办全国理性饮酒宣传周四川分会场等活动，倡导健康饮酒、文明饮酒、理性饮酒；捐资助学方面，公司成立了"五粮液教育基金"，每年固定支出200万元用于资助优秀、困难学生和奖励教育工作者，累积惠及3万余人；支持地方高校建设方面，2018年至2022年连续五年每年捐资700万元设立五粮液奖教金、五粮液奖学金、五粮液励志奖学金、五粮液"一带一路"留学生奖学金，用于奖励四川轻化工大学优秀师生。

（七）责任担当：精准扶贫贡献

作为一家有责任担当的特大型国有企业集团，五粮液积极响应国家号召，始终将帮扶贫困地区脱贫攻坚作为最大的政治责任和历史担当。从2015年开始分别承接了对口帮扶省级贫困地区宜宾市兴文县、国家级贫困地区甘孜州理塘县、宜宾市屏山县的脱贫攻坚任务，全力助推帮扶地区脱贫奔康。在此过程中，始终坚持开发式扶贫方针，按照"公司投入、专业运营、贫困群众共享"的帮扶思路，坚持党建引领，以产业帮扶为核心，围绕农业基地化、工业商品化，打通供给链和需求链堵点，加强帮扶地区持续发展的人才队伍建设，形成了"五粮液+村资公司+特色产业+消费市场+农户"的特色帮扶模式，取得了如下成绩。

1. 对口地区摘帽

对口帮扶兴文县毛村、范家村、青山岩村，理塘县上马岩村和屏山县柏香村建档立卡的贫困户全部脱贫，对口帮扶国家级贫困地区甘孜州理塘县、宜宾市屏山县和省级贫困地区宜宾市兴文县"零漏评、零错退、零返贫、群众满意度高"，高质量退出贫困县序列。

2. 产业就业扶贫

百万亩酿酒专用粮基地覆盖国内酿酒专用粮种植优势产区，全覆盖宜宾市三区七县，帮助10余万户农户增收超过1亿元。在理塘县和兴文县产业基地，产业项目结算后，按照比例提取经济收益作为红利金为农户分红。五粮液理塘极地果蔬（香菇）基地，年产香菇70万袋、木耳30万棒，产值1500万元，帮扶产品率先取得理塘县首个国家绿色食品认证，基地带动当地百姓务工1000人次，其中贫困户800人次，发放工资100余万元，贫困户人均年增收2万元以上，有效带动2乡7村362户（贫困户243户）脱贫增收，带动村集体经济实现收入1000余万元，分红200余万元。五粮液青山岩竹林（苗圃）产业示范基地，带动村集体经济实现收入900余万元，以股权量化方式为贫困群众分红10万余元，有效带动贫困户增收6000～10000元。兴文县建设的5个扶贫车间，有效带动500户贫困妇女就近就业，人均增收2000～3000元。

3. 筑牢设施基础

从2018至今，公司累计出资5亿元，重点用于酿酒专用粮、竹产业基地道路建设和支持"四好农村路"建设，修建"五粮液乡村振兴产业路"1054.2km，进一步夯实了地方产业和经济长效发展的基础设施。

支持·关怀篇

（一）名家点赞：酒业专家盛赞浓香

五粮液是中国浓香型白酒的典型代表与民族品牌，多位酒业专家、白酒行业领导者都对浓香型白酒赞誉有加，对浓香型白酒的价值、酿造工艺、市场发展、国际潜力等诸多方面作出过评价。

1. 专家评价

中国酒业泰斗级人物高景炎在21世纪初指出："浓香型白酒中复合香多粮发酵型产品越来越多，单粮发酵纯浓香的产品却在减少，这是目前白酒市场发展走势。"

中国白酒知名专家梁邦昌评价：多粮浓香白酒的香韵融汇了粮香、窖香、酒香、糟香、曲香和陈香等，就粮香而言就含纳了高粱的清香、糯米的浓纯、大米的饭香、玉米的甘洌、小麦的麦香等，堪称众香丰蕴馥郁。在粮香的衬托下，五感（弥漫感，甜爽感，香鲜感，馥郁感，层次感）综合作用，让多粮酒有"抓舌头"的品味效果，也是其味韵核心价值的所在。

2. 行业评价

中国酒业协会名誉理事长王延才表示，浓香型白酒在白酒产业中始终占据重要地位。其酿造技艺、工艺复杂性具有非常鲜明的特点，历史悠久，千年以来一代代酿酒匠人始终遵循着历史流传、总结、沉淀下来的浓香传统工艺，同时又在传承中不断创新发展。浓香型白酒拥有广泛的市场消费认知，是中国白酒市场主流，被大多数的企业作为主要工艺进行推广。浓香型白酒作为中国白酒的重要组成部分，其历史价值、工艺价值、产业价值和社会价值都是不可估量的。

中国酒业协会理事长宋书玉曾用"老""不""长""特"四个字来分析和解读浓香型白酒的名酒稀有性。"老"是指千年老窖万年糟，百年以上的老窖和老窖连续发酵，国内在白酒板块使用老窖就是稀缺资源；"不"是指不间断发酵，不可复制，不可迁徙，千年老窖万年糟就是连续不间断发酵，不可复制、不可迁徙是微生物重要的特征，微生物不间断循环，得到了优质酿酒的微生物群体，而且优质酿酒微生物群才能酿出美酒，而且其不可迁徙，易地不可复制，同样的工艺、同样的原料、同样的技艺，在另一个地方就酿不出一样的美酒；"长"是指发酵期最长，是浓香型白酒非常重要的特质，在所有类型白酒当中，惟有浓香型的发酵期是最长的；"特"是指通过酿酒师傅感官来截取其最精华的部分，这部分只占约10%，这也是浓香型名酒稀缺性的体现。

五粮液集团（股份）公司原党委书记、董事长李曙光指出：从物质和感官来看，浓香型白酒作为采用不间断连续自然发酵的酒种，形成了与其他蒸馏酒截然不同的特点，最能代表中国人的口感嗜好，天然就能代表中国的民族特色。因此，从长远来看，浓香型白酒是当之无愧的"大国酿造"和"大国味道"，最具国际化潜力。

五粮液集团（股份）公司党委书记、董事长曾从钦指出：高品质浓香型白酒具有极度的稀缺性，主要源于其依赖特有的生态环境、岁月积淀的古老窖池、优中选优的酿造工艺和精益求精的匠心精神。

江苏洋河酒厂股份有限公司原董事长王耀曾表示：在中国的美酒版图上，浓香型白酒一直凭着独特的工艺、优秀的品质和悠久的文化，占据着不可或缺的一部分。浓香型白酒是具有丰富历史文化底蕴的地道好酒，是大自然、微生物与酿造高度和谐的极致结晶，与其他香型白酒相比较，浓香型白酒有"规模优势、工艺优势、品质优势"三大独特优势。

（二）专家评审：全国评酒一举夺魁

1. 改进名酒品质会

1956年11月24日，国家食品工业部召开改进名酒品质会议，对全国各地名酒进行尝评，尝评结果排序为：五粮液第一，泸州老窖大曲第二，双沟大曲第三，配制酒第四，茅台酒第六，汾酒第八（图8-1）。五粮液首摘全国名酒桂冠。

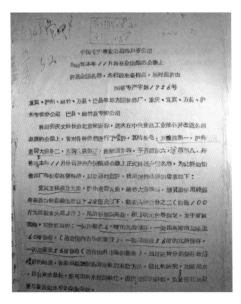

图 8-1 改进名酒品质会尝评结果

2. 全国白酒评酒会

在新中国成立前基本为家庭式作坊化生产，酿造工艺均为师徒相承、口传心授，缺乏系统化、科学化总结，造成经社会主义改造后的酒企产量难提升、品质难把控、技术难推广。为推动国家对白酒工业产业政策的落地和解决上述技术难题，从1952~1989年共举行了5届全国评酒会。

1952年，由华北酒类专卖公司的3名工程师担任评委，并代为主持举办了第一届全国评酒会。由于全国各地的酿酒工业正处于工厂化整合和恢复生产期，且主办和评审方为单一的地方专卖公司，国营二十四酒厂（五粮液前身）等许多酿酒企业主动放弃参评。最终第一届全国评酒会仅收集到19种白酒样品，未收到啤酒样品，葡萄酒也仅收到一家样品。在无法开展系统选拔推荐的情况下，评选出了8款全国名酒，其中获奖的4款白酒分别是山西杏花村汾酒、贵州茅台酒、泸州大曲酒和陕西西凤酒。

1963年11月，五粮液酒参加具有真正全国评酒会意义的第二届全国评酒会。第二届全国评酒会经过基层认真选拔，来自全国27个省、自治区、直辖市共推荐出196种酒，其中白酒75种、葡萄酒25种、果酒20种、黄酒24种、啤酒16种、配制酒36种；聘请评委36名，其中白酒组评委17名，会上首次制定了评酒规格，按混合编组大排队的办法品评。由评酒委员独立思考，按酒的"色、香、味"进行百分制打分并写评语，采取密码编号，分组淘汰，经过初赛、复赛和决赛，按得分多少择优推荐。最终评出金奖产品18种，金奖产品中白酒产品占8种，排序为五粮液酒、古井贡酒、泸州老窖特曲、全兴大曲酒、茅台酒、西凤酒、汾酒、董酒、给予五粮液"香气悠久，味醇厚，入口甘美，入喉净爽，各味谐调，恰到好处，尤以酒味全面而著称"的高度评价，位列全国各名酒之首；国家轻工部正式授予五粮液酒国家名酒称号，颁发了金质奖章和证书（见图8-2）。

图8-2 全国名酒公报

1979年，在大连举行了第三届全国评酒会，会上首次提出按香型不同分类品评，首次对评酒员进行了考核，将五粮液、茅台酒、汾酒、泸州老窖特曲酒、剑南春酒、古井贡酒、洋河大曲酒、董酒等8种酒选为国家名酒。

第四届全国评酒会于1984年在太原举行，将五粮液、茅台酒、汾酒、泸州老窖特曲酒、剑南春酒、古井贡酒、洋河大曲酒、董酒、西凤酒、全兴大曲酒、双沟大曲酒、黄鹤楼酒、郎酒13种酒选为国家名酒，武陵酒、宝丰酒、叙府大曲酒等27种酒选为国家优质酒。

第五届全国评酒会于1989年在合肥举行，首次根据酒精度数差别将低度和高度酒分别评判，品评标准和规则成为未来白酒行业的通用方法，将五粮液、茅台酒、汾酒、泸州老窖特曲酒、剑南春酒、古井贡酒、洋河大曲酒、董酒、西凤酒、全兴大曲酒、双沟大曲酒、黄鹤楼酒、郎酒、武陵酒、宝丰酒、宋河粮液和沱牌曲酒17种酒选为国家名酒，叙府大曲酒、石湾玉冰烧酒、四特酒等53种酒选为国家优质酒。1989年的第五届全国评酒会是由政府部门组织的最后一届评酒活动。五粮液作为大曲浓香的代表，从1963年的第二届全国评酒会后，历届均被评为全国名酒。

（三）市场认可：低度白酒广受好评

低度白酒一般是指酒精度在25%vol～40%vol之间，并且保持了原香型风格的白酒。随着国内白酒的消费形态发生变化，以及与国际市场的联系逐渐加深，白酒从高酒精度向低酒精度转变成为趋势。五粮液顺应发展潮流，自主研发出多款低度白酒，打开了低度酒的广阔市场，得到市场高度认可。

1. 白酒低度化成趋势

20世纪70～80年代，国家倡导并鼓励新型酿酒技术，提出"优质、低度、多品种、低消耗和高效益"的发展方针，逐步实现高度酒向低度酒的转变。低度酒的发展既有利于消费者健康又能降低单位产品的耗粮，提高出酒率，节约粮食。

低度酒的发展有着广阔的市场前景。我国加入WTO后，国内白酒逐渐与国际市场接轨。国际上，欧美饮用较多的威士忌和白兰地，酒精度多在37%vol～43%vol之间；而日本烧酒酒精度更低，在20%vol～30%vol之间。此外，一些发达国家对进口酒的酒精度做了严格规定：日本要求进口酒的酒精度为35%vol以下，美国要求不超过50%vol等。我国白酒出口量小，品种少，其中一方面原因就是酒精度较高，不能适应国外消费者的需求。随着国际酒类交流的增加，人们对白酒提出了健康、卫生、安全的新要求。

高度酒向低度酒发展成为趋势。社交饮酒需要现场气氛热烈，因此消费者更希望酒入口顺、柔，饮后舒适，而低度白酒正适合这样的诉求。消费方式的变化将使白酒的低度化趋势更加明显。白酒产业的产品、技术、工艺没有根本性的变化，或者说变化很小，但是消费却出现了巨大变化，对于白酒企业来说，最重要的是把握这一趋势，开发更有生命力的产品。目前，白酒行业在调整产品结构、发展低度白酒、降低粮食消耗等方面均取得重大进展，这也预示着低度白酒今后的发展前景。

2. 自研低度酒获认可

1972年起，五粮液经过6年的艰苦努力，采用华罗庚教授提出的"双法"中的优选法，结合"黄金分割法"（0.618法）进行优选，成功研制出35%vol和38%vol五粮液低度酒，并保持了五粮液酒的基本风格，解决了出口酒的降度难题。

1978年11月10日，低度五粮液酒实验成功，获宜宾重大科技成果奖(宜地商办〔78〕字第330号)，并获四川省双法推广成果二等奖。

1988年，五粮液投资180多万元建立当时行业最大的年产500 t低度白酒生产车间，在国内率先开启了低度白酒的研发、规模化生产和销售，开始掀起白酒"低度"浪潮。

1988年10月，五粮液系列低度酒获全国"星火计划成果展览交易会金奖"，12月，39%vol五粮液（图8-3）获得中国食品名、特、优、新产品博览会金奖。由此，39%vol五粮液成功进入国家名酒行列。

图8-3　39%vol 五粮液产品

2013年，五粮液全新推出35%vol、39%vol、42%vol等系列低度白酒，调整产品结构、丰富产品系列。

五粮液成品低度酒"具有窖香和独有的五粮复合香气、入口甘美、入喉净爽、各味协调、恰到好处"，保持了五粮液高度酒的典型风格。五粮液低度白酒具有传统优势，很好地保持了高度白酒的基本口感及风格特点，非常容易被消费者识别，受到酿酒专家及消费者的一致好评。

（四）国家珍视：国家收藏古老窖泥

1. "明初老窖"鉴定

20世纪60年代初，四川省文物管理委员会的专家对"长发升"等古窖池进行勘察，发掘清理出宋代影青瓷片、元代仿龙泉瓷片、明初青花瓷片和黑釉瓷片等文物，遵循断代"就低不就高、靠后不靠前"的文物鉴定法则，将五粮液古窖池定为"明初老窖"（图8-4）。这些古窖池经代代传人延续不间断地使用，传承至今，已经成为活着的文物与国宝。2020～2021年，历时18个月的"考古五粮液"项目，已明确将五粮液古窖池年限从明初提前至元代。

图8-4　五粮液"明初老窖"

2. 国博收藏窖泥

2005年，一块五粮液"明初古窖"窖泥被中国国家博物馆永久收藏（图8-5）。据考古专家介绍，这块古窖泥是世界酿酒领域现存最古老的一块地穴式曲酒窖池窖泥，自明朝开国之年（洪武元年）以来至今未曾间断使用，生长着数以亿万计的有益微生物活体，是异常罕见的"活文物"。每一克古窖泥中，含有数以百亿计的庞大微生物群体，经济价值难以评估，被科技界称为"微生物黄金"。

图 8-5 古窖泥中国国家博物馆永久收藏证明

（五）社会公益：危急时刻五粮在前

五粮液始终以高度的政治责任感和历史使命感，围绕"为消费者创造美好、为员工创造幸福、为投资者创造良好回报"的核心价值理念，坚定履行政治责任、经济责任和社会责任，积极开展公益慈善活动，致力于乡村振兴、扶贫济困、奖教助学、赈灾救助、扶老助孤、拥军爱军、理性饮酒等慈善公益事业。2016～2021年，公司精准扶贫及乡村振兴投入14.43亿元，慈善捐赠6.30亿元，先后荣获"中华慈善奖""全国慈善会爱心企业""全国社会责任扶贫奖""全国就业扶贫基地""最具社会责任感企业""最具爱心捐赠企业"等称号，获得社会各界的高度评价和广泛赞誉。

1. 四川汶川大地震

"5.12"汶川特大地震灾难发生后，公司在第一时间派出28辆货车和大客车，承担抗震救灾物资运输任务（图8-6）；捐款捐物2800万元；捐赠2500万元，独立承担都江堰外国语实验学校重建工程；在灾区建立23个博爱卫生站和1所博爱小学；捐赠价值150万元的18辆越野车，支援抢险救灾。员工积极捐款89.8万元，党员、积极分子交纳特殊党费63.8万元，领导班子成员带头交纳两个月工资，800余名员工参加志愿献血者队伍。公司累计为灾区捐赠款物5000多万元。

图8-6　五粮液抗震救灾物资运输任务现场

2. 河南抢险救灾

2021年7月29日,五粮液决定向河南灾区捐赠共计6000万元现金和物资,用于支持河南省灾害救援和灾后重建(图8-7)。其中五粮液股份公司捐赠现金3000万元、救灾物资1000万元;五粮液集团其他控股子公司捐赠现金2000万元。五粮液经销商也积极行动,助力河南抢险救灾。五粮液为河南抢险救灾捐款捐物累计超过1亿元。

图 8-7　五粮液支持河南省灾害救援和灾后重建

3. 助力教育

百年大计,教育为本。修学校、捐物资、奖师生,以五粮液教育基金等公益慈善项目为载体,积极开展"支教奖教,济困助学"工作(图8-8、图8-9)。其中,仅捐赠教育帮扶资金就达2.8亿余元,支持甘孜藏区"控辍保学"、建设网络信息化学校,阻断贫困代际传递,积蓄后备人才。

图 8-8　五粮液教育基金 2017 年资助、奖励金发放仪式

图 8-9　五粮液捐建教学楼揭牌仪式

4. 共抗疫情

新冠疫情期间，五粮液累计捐款9200万元。疫情暴发之初，五粮液借助遍布全球的经销商网络、国际化供应链和物流商渠道优势，开展全球采购，并联合川航、成都海关和四川省慈善总会，协助协调舱位、预留时间、快速通关，打通了防疫物资运送通道（图8-10～图8-12）。同时，针对医疗物资紧缺情况，公司紧急调动集团下属子公司于2020年1月31日迅速转产，仅用12天时间就建成首批医用防护服生产线，800套/天首条生产线投产。同时陆续建成6条医用口罩专用线，一次性防护口罩、KN95口罩产能分别达到30万个/天、10万个/天。在巩固战疫成果的基础上，五粮液加快推进应急生产和临港医用防护服生产基地建设，以优质品质和安全保障更好助力防疫"不断档"。

图 8-10　五粮液薪火传承人筹款购买的
ICU 呼吸机送达武汉各大医院

图 8-11　五粮液及各地经销商捐款捐物证书

图 8-12　由五粮液员工自发筹集的 7.6 万斤蔬菜到达武汉

　　五粮液坚持以公益促企业价值，不断推动企业和社会的和谐发展。企业积极开展公益慈善活动，致力于贫困地区的公益慈善事业，救助帮扶贫困群体，奉献爱心。新冠肺炎疫情暴发后，五粮液始终密切关注着疫情动态，并及时开展行动，驰援全国战"疫"。

引领·未来篇

（一）发展理念：融合传统与科技

白酒行业是典型的传统制造业，但面对国家高质量发展的新要求，五粮液正大力推进新一代信息技术与制造业的融合发展，自2017年起，公司开启数字化转型，制定"1365数字化转型战略"，大力推进新一代信息技术与制造业融合发展。从供应、生产、营销和管理环节入手，以期破局自身转型和发展瓶颈问题，通过进一步深化供给侧结构性改革，不断探索发展新业态、新模式、新路径，进而持续引领白酒行业发展。

1. 全面构建质量管理体系

五粮液以"质量是企业的生命，匠心酿好每一滴酒"的质量理念，以永树品质标杆为质量方针，利用新一代信息技术，构建从"一粒种子到一滴美酒"的全生命周期质量管理体系，实现全程可预防、可溯源、可管控，确保产品优质安全。

（1）酿酒专用粮基地建设智能化

"粮为酒之本"，通过核心示范基地、战略合作基地等模式，五粮液在原粮基地建设过程中，引进智慧农业管理体系和MAP技术服务团队（图9-1）。采用线上指导、卫星测绘、遥感监测等现代智慧农业技术，以及人工电动喷雾器、自走式植保药械、无人机飞防等植保器械，实现核心基地种植过程全程监控，为农户提供精准化、专业化、标准化、智慧化种植解决方案与技术服务；以线上线下一体式数字化管控平台为载体，精准抓取粮食种植生产过程数据，实现基地建设可视化、智能化，为基地土壤改良、品种改良、作物植保、农业作业等提供数据支撑；同时，将种、收、储、运、交验全过程纳入监控，实现酿酒专用粮全面可溯源，建立符合五粮液品牌发展需要的、绿色生态为主导的酿酒专用粮供应体系。

图 9-1　2022 五粮液种粮大典

（2）生产全流程监测智能化

建立了从原料、包材、产品、物流等市场诉求方面扩能提升大数据信息平台，对全过程进行监控、汇总和分析。依托国家级企业技术中心以及国家酒检中心，通过 CNAS 认可实验室体系的建设与 LIMS 实验室管理系统的应用开发，对全过程理化检验、微生物检验和感官评定数据进行监督、汇总与分析，实现对酿酒原辅料、生产过程、包装材料、在制品、成品的全过程数据化、可视化监控。

（3）全生命周期可溯源智能化

积极推进产品全生命周期溯源管理信息化建设，在 ERP 项目中专门设立基于QM模块建设质量管理体系，搭建产品全生命周期质量溯源的数据及流程基础，提升质量安全管控的敏捷性和有效性。同时，采用双频芯片技术，确保每瓶酒都具有全球唯一身份标识。产品在生产线上，向芯片标签里写入产品的各种生产溯源信息，在出库时，关联经销商信息，并将这些信息全部储存到五粮液数据库。通过"一瓶一码"技术，公司市场管理人员、消费者、执法机关可以查询到详细的防伪溯源信息，追踪每瓶酒的市场走向，实现产品"顺向可追踪、逆向可溯源、风险可管控"，持续为消费者提供健康、安全、优质的产品。

2. 积极探索自动智能体系

（1）大力推进重大项目建设，进一步提高生产流程两端的自动化智能化水平

规划实施了酿酒专用粮工艺仓及磨粉自动化改造项目。项目利用先进技术装备和系统集成设计，整合"产—储—加工—酿造"产业链，提高生产自动化、智能化水平。构建管控一体化控制系统，将企业生产全过程的实时数据和生产管理信息有机集成并优化，提升人机交互体验；构建智能粮情控制系统，利用温度、湿度等各类传感器直接采集综合粮情信息，采用三维虚拟现实技术，对综合粮情进行深入分析及展示；构建可视化物流管理系统，综合使用RFID、智能车辆识别、人员和车辆定位、移动互联、图像及视频抓拍处理等技术，实现全过程数据采集自动化、可视化和可追溯。

规划实施了成品酒包装及智能仓储配送一体化项目。包材智能仓库：行业第一个实现系统管理、在线预检、自动卸垛、在线

检验、在线输送的包装材料智能化立体库。包装车间：行业内首次采用生产线管理系统+全自动化生产线的生产模式，人员减少80%以上，生产率提高100%以上。成品智能仓库：采用最先进的货到人、货到车的全智能入库、管理、出库模式，采用仓储管理系统/仓库控制系统(WMS/WCS)+全自动化立体库的智能仓储、配送系统。

（2）开展智能酿酒示范线建设，推进白酒酿造向智能制造转变

目前，智能酿酒试验示范线的关键工艺技术装备已实现重要突破，具有自主知识产权的探热机器人智能上甑系统、自动蒸馏系统、帘式自动打量水系统、柔性拌和摊晾系统均初步试验成功，在行业内处于领先水平。

3. 加快打造智慧零售体系

积极构建智慧零售体系，为广大消费者提供更加人性化、便捷化的服务体验。

（1）门店基础运营设计与落地

通过开展门店基础运营设计工作，打造体系化、标准化的连锁运营模式并落地实施；建设和完善智慧门店的监控体系与巡店体系，减少访销人员到店查访，对门店陈列信息、着装信息、监控信息实时掌握，提升门店形象与陈列标准化；建设智慧门店进销存系统，收集门店进销存数据，及时掌握各地销售情况等。

（2）门店数字化运营

通过数字化技术赋能专卖店体系，为专卖店体系提供线上线下融合、智能选址、社会化配送、门店引流、数字化营销与运营等赋能手段；门店初步具备O2O能力，经营数据指导运营，高端会员体系建立雏形；为专卖店提供增量、增加收益，使专卖店的整体业务转型能够有更多的抓手。

4. 加快建设企业数字体系

规划实施ERP信息系统项目，以更快速的市场响应、更高效的业务协同、更精细化的成本管理、风险数字化呈现和前置性规避，加强"产、勾、包、销"联动，进一步提高公司整体生产经营效率，从而实现公司高质量持续发展。

公司ERP建设基于"端到端全流程一体化"提高公司价值创造效率，并结合业务财务一体化、质量管控一体化、目标管理一体化共同支撑"端到端全流程一体化"管理体系的完善和提升，打造公司协同高效的运营管理体系。一是初步建立公司战略决策指挥中心平台，构建领导决策分析体系，为经营分析和决策提供数据支撑。二是进一步加强集中财务管控；提高财务核算水平，降低企业风险；强化成本控制与分析、资金与风险管控等。三是整合供应链信息，提高市场终端响应速度；集成的业务财务一体化，提高产品经营分析效率；优化后台业务功能，提高内部执行效率；提高营销活动资源管理分析能力；建立跨供应链计划体系，优化产销衔接。

此外，还将充分发挥五粮液大数据中心的平台作用，加快建设中国酒业诚信大数据项目、线上行业宏观洞察项目、终端门店选址辅助及商图分析应用服务项目等，实现精细化管控和经营管理数据决策支持，提升产业链协同效率，引领行业数字化转型。

（二）守正创新：提升核心竞争力

在中国白酒赢得世界市场的新征程中，五粮液守正创新，与时代同频共振，坚持用现代科技助力传统产业高质量发展。面向新发展阶段，以推动白酒行业高质量发展为核心，提升产业链现代化水平为关键环节，实现绿色低碳发展为主题，真正让白酒这个古老而又独具魅力的产业焕发出新的光彩。白酒要发展，归根到底是依靠科技的进步，是众多科技工作者智慧的结晶。绿色生产、人机协同是我国白酒乃至传统产业现代化的发展方向。在坚守非遗酿造技艺，大力发扬"酿、选、陈、调"传统生产工艺和"优中选优、花中选花"分级优选工艺的基础上，深入推进工艺创新、技术创新。

五粮液集团（股份）公司党委书记、董事长曾从钦指出，科技创新是提升公司核心竞争力的关键要素，要加强五粮风味研究，把研究成果转化为消费者易懂易记的内容；要强化技术对产品质量的支撑，技术、生产、质检三位一体，为消费者奉献更多高品质美酒。

1. 创新体系

五粮液将加强"3+3"创新体系建设，即发挥好已建的国家白酒产品质量检验检测中心、国家企业技术中心和酒类品质与安全国际联合研究中心三大国家创新平台的作用，积极创建国家白酒产业创新中心、国家白酒酿造重点实验室、国家酿酒专用粮工程技术中心，抢占行业创新制高点。积极与四川轻化工大学合作，高标准、高规格、高水平建设中国白酒学院，申报创建中国白酒产业学院。

通过与江南大学、中国食品发酵工业研究院等知名院校和研究机构开展产学研合作，将千年古法酿造技艺与现代酿造科研成果相互融合，助力中国白酒更好地传承和创新发展。全面加强技术攻关和科技成果转化，强化微生物发酵、窖泥老熟、风味物质、活性物质、健康机理等关键核心技术研究，寻求更大的技术突破，进一步提升五粮液名酒率。

2. 技术革新

从生产要素的密集度上看，产业发展演进呈现出"劳动密集—资本劳动密集—资本技术密集—知识技术密集"的演进次序。当前技术、知识在产业发展中的作用越来越关键，未来多领域技术交叉融合趋势将更加突出，技术产品迭代将更加快速，随着现代控制技术的发展，机械化和自动化已经开始向智能化方向发展，国家也提出"中国制造2025"和"工业4.0"的概念，鼓励传统行业向自动化、智能化转型。科学有序推进智能酿造，按照"设备将就工艺"的总体原则，在满足传统工艺的前提下，以试点示范方式，在摊晾、上甑、压曲、陈化、粉碎等生产环节进行机械化、自动化、信息化、智慧化改造，加快建设酿酒智能制造示范线。

（三）"零碳"愿景：争创绿色"零碳酒企"

面对行业繁荣、白酒出海、低碳未来的发展命题，作为白酒立基之本和长远之道，生态已成为行业关键词，更是五粮液发展的底色。以打造"五位一体"五粮液为目标引领，五粮液通过大力打造生态化园区，坚持提供生态化产品，全面实现生态化生产，把自身生态文明建设融入企业"种、酿、选、陈、调"和美五字诀中，全面实现生态化生产。结合国家"双碳"目标，五粮液正践行"零碳"理念，分阶段、有步骤地实施"零碳"举措，努力树立中国白酒行业生态化发展标杆。

1. "零碳"理念

五粮液始终坚持走绿色发展之路。在20世纪，五粮液提出"全员参与，珍惜资源、安全生态，创新发展"的绿色发展理念。2015年，五粮液提出"生态循环"理念，倡导"从土地中来到土地中去"；2017年开启二次创业新征程以来，五粮液坚定不移贯彻新发展理念，坚持"生态优先、绿色发展"，践行"绿水青山就是金山银山"理念，着力打造国际一流的酿酒生态产业园；2021年五粮液按照国家提出的碳达峰、碳中和目标，提出以争创"零碳酒企"为愿景，带头推进行业绿色低碳发展。

零碳企业的打造，是一项极为复杂、艰巨的系统工程，涉及新技术、新材料、新能源等方面的开发应用，还包括流程、业态、模式等方面的集成创新。五粮液正集聚专业力量，锚定远景目标，抓紧制定碳中和战略规划。五粮液已与国家电投集团签订战略合作框架协议，共同推动碳减排、碳中和工作。

2. "零碳"举措

五粮液将创建"零碳酒企"，分阶段、有步骤地实施"零碳举措"。大力推进能源绿色化、资源低碳化，强化碳全景监测、全周期管控，打造"零碳车间""零碳园区"，提前实现企业自身碳中和；建设信息共享平台，实现产品全生命周期碳足迹跟踪管理，制定供应链涉及五粮液生产相关部分的碳排放标准，建立碳中和供应链管理体系，争取尽快实现供应链碳中和；开展碳吸收、碳交易和碳金融等工作，建立企业碳中和标准，创建"零碳酒企"，打造行业绿色发展标杆。

作为国家首批"循环经济试点单位"和国家"绿色工厂"，五粮液长期坚持"生态优先、绿色发展"，围绕零碳愿景，结合已经展开的20多个先导性具体项目，下一步重点推进以下工作：

——在能源供给端，全面启动绿色能源供应，包括生物质发电、酒糟全部循环利用，实现电力、热力、燃料可再生能源化。

——在能源消费端，全面推进电能替代和能效提升工程，实现综合能耗指标达到行业领先水平。

——在能源管理侧，全面实现数字化，打造"综合智慧能源+碳中和+区块链"的数字化运用场景。

"做食品就是做生态"。五粮液地处长江上游生态屏障核心地区，要像对待生命一样对待生态环境，像保护眼睛一样保护生态环境。五粮液古法酿造技艺讲究"道法自然、天人合一"，倡导和践行碳中和文化，正是五粮液绿色生态观的具体体现。

按国际通行的惯例，酒类产区或原产地直接代表着品质品牌，而产区价值集中体现在生态环境上，五粮液提出零碳愿景，将推进生态价值、产区价值、品牌价值向更高端迈进，为企业自身赢得竞争新优势，获得更为广泛的国际认同，也将引领传统优势产业转型升级。

（四）品质标杆：建设纯粮酿酒地

产品品质始终是白酒行业发展的基石，在"生态、品质、文化、数字、阳光"五位一体五粮液的蓝图之中，品质是其中的核心。升级建设纯粮固态酿酒基地，持续完善品质管理体系，不断提升五粮液名酒率，树立中国白酒行业品质建设标杆。从正式启用白酒行业单次投用规模最大的陶坛陈酿酒库，升级建设行业最大的纯粮固态酿酒基地，到着力提升五粮液名酒率，五粮液坚持以品质立基，践行大国浓香的责任与担当，引领中国白酒品质表达。

1. 升级纯粮酿酒基地

（1）新增10万吨优质基酒产能

五粮液将加快重点项目建设，如期推进新增10万吨优质基酒产能，总产能突破20万吨，确保全国最大纯粮固态发酵生产基地地位。

在"十四五"期间，五粮液将通过"2+2+6"的总体布局，在现有产能规模为10万吨的基础上，新增10万吨优质基酒产能。

（2）建设100万吨基酒储存基地

五粮液进一步夯实产能根基，储酒能力将从40万吨增加到100万吨。"十四五"期间建成国内领先的100万吨基酒储存基地，将为进一步夯实五粮液酒品质根基奠定坚实基础。

2. 提升五粮液名酒率

目前，五粮液"名酒率"为20%以上，"十四五"期间公司将从原粮基地建设、工艺精细化管理、技术及技能人才培养、坚守传统酿造工艺、加强科技创新、窖池潜能的进一步发挥、生产扩能等方面着手，努力提高五粮液名酒率，确保公司"十四五"实现千亿营收战略目标的实现。

五粮液的醇香既是酿出来的也是种出来的，因此，五粮液将在"十四五"期间把百万亩酿酒专用粮基地升级建设到两百万亩（图9-2），同时加大酿酒人才建设和储备。对于五粮液名酒率的提升，有四个方向：一是向上延伸，在加大百万亩酿酒专用粮基地建设基础上，不断从纵向和深向挖掘粮食基地建设；二是在已有酿酒技艺基础上，进一步抓酿酒大师工程，抓人才建设；三是挖掘窖池潜能；四是将加强优质产能建设，通过增加优质产能，提高五粮液名酒率，增加名酒产量。

图 9-2　五粮液酿酒专用粮基地

（五）文化建设：深挖品牌文化魂

文化建设方面，五粮液要厚植品牌文化底蕴，深挖品牌文化内涵，创新品牌文化传播，树立中国白酒行业文化建设标杆。五粮液有着深厚的文化底蕴，厚重的文化底蕴涵养着深厚的文化自信，赋予了五粮液品牌文化强大的生命力。五粮液秉持匠心、臻于至善，坚守"和而不同，美美与共"的品牌文化理念，推进中国传统文化创新性传承与创造性发展，为企业发展注入源头活水。

1. 挖掘品牌文化内涵

作为中国白酒品牌代表，五粮液在千年历史中传承不断，文化底蕴深厚。近年来，五粮液深耕文化内涵，从传统文化中汲取文化自信，在文化创新中厚植品牌根基，不断擦亮"大国浓香、和美五粮、中国酒王"金字招牌。在国家文物局"指南针计划——中国古代酿酒技术的价值挖掘与展示研究"之"考古五粮液"项目中，五粮液立足其中，不断挖掘品牌文化的历史底蕴。

"考古五粮液"研究项目中发掘的刘鼎兴古酒坊位于宜宾市翠屏区北正街，北距岷江约200 m，是五粮液最古老的八大酒坊之一，也是五粮液"501车间"的重要组成，见证了中国白酒的最初样貌。此次发掘最重要的价值在于，为以"地穴式曲酒发酵窖池"为主要特征的宜宾多粮大曲酿酒技术和五粮液古窖池群历史年代提前至元代提供了线索，为溯源宜宾乃至中国南方白酒酿造历史提供了实证。结合已有历史资料，以五粮液古窖池群、火烧房酿酒作坊遗址的发掘成果为基础，基本厘清了从元—清以"五粮液"为代表的宜宾蒸馏酒发展历史，为探寻中国白酒起源提供了有力的实物证据，也为研究长江上游悠久的酿造文明提供了实物支撑。

中国社会科学院考古研究所研究员王仁湘发现，五粮液钟三和酒坊内窖池壁上，题刻有"平为福庆有余"等字样，说明宜宾不仅用五粮酿酒，还将文化与情怀交融在酿酒过程中。中国人民大学国学院教授王子今认为，"考古五粮液"取得的成就非常突出，对于酒业的早期起源发掘、酒史的认识，对于城市规划史、酒业开发史、酿酒技术史都提出了新的认识和新的学术线索。"对于中国白酒的起源，'考古五粮液'提出了新的身份资料，为我们走进中国酒文化，考察认识、理解说明中国酒文化提供了新的条件。""'考古五粮液'的成就不仅对宜宾酒业史的认识提供了全新的信息，多学科综合考察所获工作成绩对于类似遗存的考古方式提供了启示。对于汉代酒业考古以及酒史与酒文化的研究，也有积极的借鉴意义。"

2. 创新品牌文化传播

五粮液通过打造"中国国际西湖情五粮液玫瑰婚典""五粮液和美文化节"等文化IP，通过联合拍摄《杯酒千年》品牌TVC视频，不断构建形式更多元、内容更丰富、涵盖更广泛的品牌文化价值表达，更加自信从容地讲好中国白酒故事，让中华优秀传统文化成为品牌的重要内涵，推进中国传统文化创新性传承与创造性发展。

（1）五粮液和美文化节

2022年5月20日，首届五粮液和美文化节启幕。五粮液在全国启动一系列线上线下活动，传递"为消费者创造美好"的核心价值理念，倡导中国和美文化的全新表达，更好满足消费者对美好生活的向往与追求。首届五粮液和美文化节以"举杯致爱，惟愿和美"为主题，主要分为"表白和美""点亮和美""品味和美""共享和美"四个篇章，通过别出心裁的告白形式、亲切鲜活的文化表达，唤起消费者的情感共鸣，在致敬感恩消费者的同时传播中国传统和美文化。

（2）中国国际西湖情五粮液玫瑰婚典

中国国际西湖情五粮液玫瑰婚典是五粮液"和美"文化理念的具象表现与重要承载形式，是五粮液致力打造的重要和美文化IP，受到社会各界广泛好评。作为中国和美文化代表，五粮液持续冠名支持中国国际西湖情玫瑰婚典，以酒为媒见证和谐美满爱情、倡导和美生活方式、弘扬和美传统文化、创新和美理念表达。在2022国际会展文化活动暨首届全球数字会展峰会上，中国国际西湖情五粮液玫瑰婚典受邀作为本届峰会杭州唯一重点文化活动品牌项目推介，向参会领导与嘉宾分享五粮液玫瑰婚典的品牌创新理念、运作形式及可持续发展经验。下一步，五粮液将继续支持打造好玫瑰婚典这一文化IP，积极倡导传递和美文化，秉持"为消费者创造美好"的核心价值理念，向社会持续输出和美向上的正能量，以高品质美酒装点消费者越来越和美的幸福生活。

（3）《杯酒千年》品牌TVC视频

通过天津"泥人张"传统手工艺人独具匠心的捏制，长江源头、元明古窖、利川永酒坊、晚清得名、民国首登国际盛会等历史场景生动还原，为五粮液的传承发展定格下重要的历史时刻。一个个神态各异的泥塑人物往往需耗时数月才能完成，传统手工艺人的极致匠心和工艺是关键。正如泥塑展示的是中国传统手工工艺的精妙，五粮液酒传统酿造技艺也极其复杂，是极致的酿造技艺。《杯酒千年》品牌TVC正式上线，体现五粮液始终通过多元的方式传递品牌文化、沉淀品牌价值，让中华优秀传统文化成为品牌的重要内涵。

杯酒千年视频

（4）讲好中国白酒故事，让中国白酒"走出去"

五粮液将坚持"弘扬历史传承，共酿和美生活"使命，把"和美五粮"贯穿发展始终，大力践行"和美种植""和美酿造""和美勾调""和美营销""和美文化"，讲好中国白酒故事，持续满足消费者对美好生活的向往需求。"和美"强调开放包容、融合共生。自1915年在巴拿马万国博览会展现中国白酒文化和谐之美后，五粮液在中国白酒"走出去"的征程中始终践行"和美"价值理念，向世界讲述中国白酒故事。不论是发起成立国际名酒联盟，倡导构建全球酒业命运共同体，还是主动融入博鳌亚洲论坛、进博会、APEC工商领导人中国论坛、世博会等国际高端平台，五粮液让更多的消费者了解中国白酒、喜欢上中国白酒，以此诠释中国白酒文化的时代内涵，让世界感知中国民族品牌的独有魅力。

（六）把握机遇：力争"十四五"目标

1. "十四五"目标

"十四五"期间，五粮液将坚持"聚焦主业、做强主业"，以满足消费升级的新需求为目标，以推动可持续的稳健高质量发展为主题，以改革创新为根本动力，抢抓新发展机遇，一张蓝图绘到底，进一步擦亮"大国浓香、和美五粮、中国酒王"金字招牌。

面对"十四五"，五粮液正锚定目标，把握发展的"时"与"势"，绘就发展新气象。

——高举"大国浓香"旗帜，巩固浓香型白酒龙头地位。五粮液将加快重点项目建设，坚持挖潜和扩能相结合，确保新增产能如期实现；做好生产组织安全、窖泥培养、人才队伍储备等工作，确保新增产量如期释放；做好质的稳步提升、量的有序增长、价格合理回归，确保高质量市场份额的提升。

——弘扬"和美五粮"主张，突出品牌个性、强化品牌张力、提升品牌价值。五粮液将坚持以"弘扬历史传承、共酿和美生活"使命，把"和美五粮"贯穿发展始终，讲好中国白酒故事，持续满足消费者对美好生活的向往需求。

——重塑"中国酒王"形象，打造五位一体持续稳健高质量发展的五粮液。1995年8月22日，五粮液在第50届国际统计大会上荣获"中国酒业大王"称号。如今，五粮液正以生态为底色、品质为核心、文化为支撑、数字为动能、阳光为保障，打造"生态、品质、文化、数字、阳光"五位一体的五粮液，进一步擦亮"中国酒王"金字招牌。

2. "十四五"举措

（1）五年计划

在"十四五"的构建中，五粮液将建成国内领先的100万吨基酒储存基地；为响应国家"双碳"目标达成，努力实现更高水平的高质量发展，加快创建"零碳酒企"；五粮液将把握好共建"一带一路"高质量发展的战略机遇，利用《中欧地理标志协定》打造"中国酒＋中国菜""展示＋品鉴""产品＋文化"的海外运营模式，拓展海外市场，深入讲好中国白酒故事，引领中国白酒和文化"走出去"，推动白酒行业构建新发展格局，向世界酒业价值链高端不断迈进。力争"十四五"期间尽早迈入世界500强，打造绿色、创新、领先的世界一流企业。

（2）2021年计划

2021年是"十四五"规划和第二个百年奋斗目标的开局之年，五粮液坚持以高质量的市场份额提升为统领，进一步聚焦主业、做强主业，持续补短板、拉长板、升级新动能，在品质支撑、产能建设、市场营销、科技创新等方面频出新举措。五粮液贴近市场与消费者需求，聚焦营销改革，市场潜力进一步得到释放：五粮液"1+3"产品体系更加完善，传统、团购和创新三大销售渠道协调发展，市场投放量创历史新高，市场动销势头良好。

（3）2022年计划

巩固强化浓香型白酒龙头地位需要以重大项目建设为支撑。五粮液坚持将在2022年内确保酿酒专用粮工艺仓及磨粉自动化改造项目、勾储酒库技改工程项目、成品酒包装及智能仓储配送一体化项目、523车间生态酿酒扩能改造项目4个重点项目全面建成投用。同时加快推进10万吨生态酿酒一期建设，积极做好包括10万吨生态酿酒项目二期、新建制曲扩能改造项目、集中式污水处理项目、门户区规划建设项目等的前期准备工作。

（七）未来战略：面向2035新机遇

高质量发展正成为国家战略，处于白酒红海市场的五粮液目前正处于新一轮创新驱动发展的重要窗口期和战略机遇期。未来五粮液将抢抓机遇、守正创新，全力打造"生态、品质、文化、数字、阳光"五位一体的五粮液，加快建设产品卓越、品牌卓著、创新领先、治理现代的世界一流酒企。

1. 服务社会

五粮液发展离不开中国这片大地，离不开消费者的青睐，反哺社会是五粮液的基因。从五粮液诞生第一日开始，哪里有困难哪里就有五粮液的身影，五粮液人的血液里已经流淌着责任的因子。

（1）环境管理

五粮液，是大地里生长出来的美酒。得自然恩赐，五粮液始终保有绿色初心，率先提出建设"零碳酒企"，打造环保生态湿地，营造节约资源和保护环境的空间格局和生产方式，力争走绿色、环保、低碳、可持续发展之路，将好酒还于好水、好风光还于好山川，缔造五行平衡、五感归真的温度酒企。

五粮液紧扣国家"碳达峰、碳中和"目标，率先提出"零碳酒企"愿景，积极探索低碳解决方案，全面推行能源绿色化、低碳化，争做中国酿酒行业"碳中和"文化的先行者。

公司计划创建"零碳酒企"三阶段。第一阶段打造"零碳车间""零碳园区"，提前实现企业自身碳中和；第二阶段跟踪管理产品生命周期碳足迹，实现碳中和；第三阶段建立企业碳中和标准，打造行业绿色发展标杆。

（2）乡村振兴

五粮液始终以高度的政治责任感和历史使命感，积极投身乡村振兴主战场（图9-3）。公司谋划打基础、促发展、管长远的帮扶项目，以产业帮扶为重点，持续推进帮扶地区长效发展和群众生活改善，推动帮扶地区乡村产业、人才、文化、生态、组织等全面振兴，助力地区实现"产业兴旺、生态宜居、乡风文明、治理有效、生活富裕"。

图9-3　五粮液乡村振兴基金项目

（3）公益慈善

五粮液积极开展公益慈善活动，致力于贫困地区的公益慈善事业，救助帮扶贫困群体，奉献爱心。同时，公司积极履行支持国防和军队建设的社会责任，大力推动军民融合深度发展。未来，五粮液将在助力宜宾市城乡基础教育发展、拥军爱军、推动军民融合、优抚救助专项基金捐助等方面贡献国企力量。

2. 服务消费者

五粮液始终秉承"以文化吸引消费、以服务打动顾客"的消费者服务理念，保障消费者权益，完善全过程服务，为消费者打造"温度酒企"。

公司始终坚持产品创新，为消费者带来美好体验。公司坚持"品牌强企"战略，通过传承和发扬五粮液的窖池优势、工艺优势、配方优势，公司以酒体创新、工艺创新引领消费升级，发布经典五粮液，进一步丰富和完善产品体系。在完善国家白酒质量检验检测中心、国家认定企业技术中心的基础上，新建国内食品发酵行业唯一的国家级酒类国际联合研究中心。作为行业内唯一四度问鼎质量管理最高荣誉的企业，五粮液实施"从一粒种子到一滴美酒"全生命周期溯源管理，满足消费者对美好生活的向往。

（1）数字赋能，提升消费体验

公司开展并完成了以"数字化流程再造"为抓手的第二期营销数字化转型项目建设，从运营方式、流程设计、智能设备等方面为消费者服务注入大数据力量，用科技为消费者创造更便利、更美好的消费体验。

未来，公司继续积极构建智慧零售体系，利用数据治理提升专卖店运营能力，借助IT装备实现门店智能化，以科技力量打造优质的消费环境。目前，公司已在四川、江苏和河南3个地区20家专卖店开展了智慧零售试点工作。

（2）理性饮酒，坚持负责任营销

公司秉持诚信经营原则，确保产品在营销过程中不夸大、不虚假宣传，保障消费者权益不受侵犯。在负责任营销理念下，公司关注消费者健康，倡导理性饮酒，限制未成年人消费，担当酒企社会责任。

（3）以人为尺，保障服务质量

公司高度重视消费者意见，将客户满意度作为重要指标，针对性改善产品质量与服务方式，打造精心品质、用心服务，为消费者创造美好消费环境。

（4）权益保障，交付安心答卷

消费者权益保障是公司业务发展的核心基础，是公司面向市场的首要责任所在。在管理上，公司设置消费者运营部统筹落实客户服务工作，提升售后服务质量，保护消费者隐私与数据安全，打造安心消费体验。

3. 数字化转型

为抢抓"数字中国"战略机遇，五粮液全面推进"上云用数赋智"行动，深入实施数字化转型战略。公司以推动新一代信息技术与制造业深度融合为主线，以营销数字化转型为突破口，打造行业一流的智慧零售体系、数字化管理体系、数字业务创新体系和行业数字转型标杆，不断强化管理创新，大力推进数字化赋能管理转型，持续优化企业运行效率，全面建设全国行业领先的数字化企业，打造高质量发展新动能、新优势。

名词解释

1. 蒸馏酒：以粮谷、薯类、水果、乳类等为主要原料，经发酵、蒸馏、勾兑而成的饮料酒。

2. 浓香型白酒：以粮谷为原料，采用浓香大曲为糖化发酵剂，经泥窖固态发酵，固态蒸馏、陈酿、勾调而成的，不直接或间接添加食用酒精及非自身发酵产生的呈色呈香呈味物质的白酒。

3. 清香型白酒：以粮谷为原料，采用大曲、小曲、麸曲及酒母等为糖化发酵剂，经缸、池等容器固态发酵，固态蒸馏、陈酿、勾调而成，不直接或间接添加食用酒精及非自身发酵产生的呈色呈香呈味物质的白酒。

4. 酱香型白酒：以粮谷为原料，采用高温大曲等为糖化发酵剂，经固态发酵、固态蒸馏、陈酿、勾调而成的，不直接或间接添加食用酒精及非自身发酵产生的呈色呈香呈味物质，具有酱香特征风格的白酒。

5. 米香型白酒：以大米等为原料，采用小曲为糖化发酵剂，经半固态法发酵、蒸馏、陈酿、勾调而成的，不直接或间接添加食用酒精及非自身发酵产生的呈色呈香呈味物质的白酒。

6. 凤香型白酒：以粮谷为原料，采用大曲为糖化发酵剂，经固态发酵、固态蒸馏、酒海陈酿、勾调而成的，不直接或间接添加食用酒精及非自身发酵产生的呈色呈香呈味物质的白酒。

7. 兼香型白酒：以粮谷为原料，采用一种或多种曲为糖化发酵剂，经固态发酵（或分型固态发酵）、固态蒸馏、陈酿、勾调而成的，不直接或间接添加食用酒精及非自身发酵产生的呈色呈香呈味物质，具有兼香风格的白酒。

8. 董香型白酒：以高粱、小麦、大米等为主要原料，按添加中药材的传统工艺制作大曲、小曲，用固态法大窖、小窖发酵，经串香蒸馏、长期储存、勾调而成的，不直接或间接添加食用酒精及非自身发酵产生的呈色呈香呈味物质，具有董香型风格的白酒。

9. 豉香型白酒：以大米或预碎的大米为原料，经蒸煮，用大酒饼作为主要糖化发酵剂，采用边糖化边发酵的工艺，经蒸馏、陈肉酝浸、勾调而成的，不直接或间接添加食用酒精及非自身发酵产生的呈色呈香呈味物质，具有豉香特点的白酒。

10. 特香型白酒：以大米为主要原料，以面粉、麦麸和酒糟培制的大曲为糖化发酵剂，经红褚条石窖池固态发酵、固态蒸馏、陈酿、勾调而成的，不直接或间接添加食用酒精及非自身发酵产生的呈色呈香呈味物质的白酒。

11. 老白干香型白酒：以粮谷为原料，采用中温大曲为糖化发酵剂，以地缸等为发酵容器，经固态发酵、固态蒸馏、陈酿、勾调而成的，不直接或间接添加食用酒精及非自身发酵产生的呈色呈香呈味物质的白酒。

12. 芝麻香型白酒：以粮谷为主要原料，或配以麸皮，以大曲、麸曲等为糖化发酵剂，经堆积、固态发酵、固态蒸馏、陈酿、勾调而成的，不直接或间接添加食用酒精及非自身发酵产生的呈色呈香呈味物质，具有芝麻香型风格的白酒。

13. 馥郁香型白酒：以粮谷为原料，采用小曲和大曲为糖化发酵剂，经泥窖固态发酵、清蒸混入、陈酿、勾调而成的，不直接或间接添加食用酒精及非自身发酵产生的呈色呈香呈味物质，具有前浓中清后酱独特风格的白酒。

14. 大曲：酿酒用的糖化发酵剂，一般为砖形的块状物。

15. 大曲酒：以大曲为糖化发酵剂酿制而成的白酒。

16. 基酒：经发酵、蒸馏而得到的未经勾调的酒。

17. 窖池：固态法发酵容器之一，用黄泥、条石、砖、水泥、木材等材料建成，形状多呈长方体。

18. 勾调：把具有不同香气、口味、风格的白酒，按不同比例进行调配，使之符合一定标准，保持白酒特定风格的生产工艺。

19. 陈酿：在贮酒容器中贮存一定时间，使酒体谐调、口感柔和的生产工艺。

20. 甑：蒸粮、蒸酒和清蒸辅料的固态蒸馏设备，由木材、石材、水泥、金属等材料制成，由甑盖、甑桶、甑篦、底锅等部分组成。

21. 固态发酵：以固体蒸料糊化、固态糖化、固态发酵、固态蒸馏生产白酒的工艺。

22. 酒曲：酒糵，一般写作酒曲。在经过强烈蒸煮的白米中，移入曲霉的分生孢子，然后保温，米粒上便会茂盛地生长出菌丝，此即酒曲。

23. 中温曲：在制曲过程中，最高品温控制在50~60℃而制成的大曲。

24. 高温曲：在制曲过程中，最高品温控制大于60℃而制成的大曲。

25. 糟醅：粮食酿酒发酵后留下的酒渣。

26. 窖泥：附着于窖壁或窖底的含有酿酒微生物的泥土。

27. 发酵周期：物料入窖（缸、罐）后，从封窖（缸、罐）到出窖（缸、罐）的这一段时间。

28. 陶坛：传统的贮酒容器，用陶土烧制而成。

29. 掐头去尾：在蒸酒时，截取酒头和酒尾的操作。

30. 调味酒：采用特殊工艺生产制备的某一种或数种香味成分含量特别高，风格特别突出，用于弥补基酒的缺陷和提高酒体质量的酒。

31. 糖化：指的是淀粉加水分解成甜味产物的过程，是淀粉糖品制造过程的主要过程，也是食品发酵过程中许多中间产物的主要过程。

32. 地温：酿酒车间入窖窖池（地缸）周边地面的温度。

33. 原窖法工艺：本窖发酵后的糟醅，经出窖系列操作后，重新放回原来的窖池内发酵的工艺。

34. 老五甑法工艺：将发酵完毕的酒醅按工艺要求，分成五甑、蒸酒的传统生产工艺，是续糟法的一种工艺。

35. 上甑：将待蒸物料铺撒入甑桶的操作过程。

36. 酒头：蒸馏初期截取出的酒精度较高的馏出物。

37. 阈值：有觉察阈值和识别阈值之分。觉察阈值指引起感觉所需要的感官刺激的最小值。测定中评价人员能够判断出待测样品与空白样品存在特征差别的最低浓度，不需要对其感官特征加以识别。识别阈值则指引起感觉并能加以识别的感官刺激的最小值。测定中评价人员能够判断并描述出待测样品存在特征的最低浓度。

38. 打量水：当蒸粮完成后，泼入一定温度的水的操作。

39. 摊晾：使出甑的物料迅速均匀地冷却至下曲温度的操作。

40. 踩窖：待发酵物料进入窖内后及时铺平，根据季节，人工适当踩压，以免发酵物料间存留过多的空气的一道操作工序。

41. 丢糟：不再用于酿酒发酵的物料。

42. 黄水：发酵期间，逐渐渗于发酵容器底部的棕黄色液体。

43. 液态发酵：以液态蒸煮糊化、液态糖化、液态发酵、液态蒸馏生产白酒的工艺。

44. 糖化发酵剂：以大米、小麦、大麦、豌豆等为原料，在一定温度、湿度环境下，经培养富集多种微生物而成的，用于酿酒糖化和发酵的制剂。

45. 酒尾：蒸馏后期截取出的酒精度较低的馏出物。

46. 酒糟：酒醅蒸馏取酒之后的物料。

47. 粮糟：在配糟时，按工艺的配料比加入原料的物料。

48. 酒醅：已发酵完毕等待配料、蒸酒的物料。

49. 生态酿酒：保护与建设适宜酿酒微生物生长、繁殖的生态环境，以安全、优质、节能、低耗为目标，最终实现资源利用最大化和循环使用。

参考文献

[1] 卞川泽.115亿!五粮液大手笔分红的底气是什么?. 华夏酒报, 2022-04-12(A03).

[2] 陈克江.白酒品牌定位研究. 西南财经大学, 2010.

[3] 陈振翔.五粮液:将精准扶贫进行到底.华夏酒报, 2019-07-30(D01).

[4] 谷满意，彭煦.四川酒文化资源管理与开发利用.成都：西南交通大学出版社，2017.

[5] 会伦.五粮液科技创新铸就金牌.科技日报，2005-09-12(008).

[6] 李秋涛，练顺才，常亮，等.直支链淀粉对白酒生产的影响. 食品与发酵科技, 2013, 49(6):76-79.

[7] 李杨华，赵东，练顺才，等.近红外光谱技术快速检测酿酒原料粮食理化指标方法的研究. 酿酒科技, 2014, (6):47-49.

[8] 练顺才，谢正敏，叶华夏，等.粮食香气成分分析方法的研究. 酿酒科技, 2011, (8):31-35.

[9] 练顺才，魏金平，李杨华，等.测定窖泥和黄泥金属元素的不同前处理方法对比分析. 酿酒科技, 2012, (12):73-74.

[10] 练顺才，谢正敏，叶华夏，等.高粱蒸煮香气成分的研究. 酿酒科技, 2012, (3):40-42.

[11] 刘俊杰.五粮液公司数字化能力评价及提升策略研究. 兰州理工大学, 2021.

[12] 鲁娜.五粮液质量的奥秘. 瞭望, 2007,(38):31.

[13] 彭智辅.试论中温大曲及其生产技术.酿酒科技, 1991, (3):8-11.

[14] 彭智辅.五粮液工艺特点与"五粮液流派"浅析.酿酒科技, 1993, (3):47-49.

[15] 任聪, 杜海, 徐岩.中国传统发酵食品微生物组研究进展.微生物学报, 2017, 57(06): 885-898.

[16] 沈怡方, 李大和.低度白酒生产技术.北京: 中国轻工业出版社, 1996.

[17] 沈怡方.白酒生产技术全书.北京: 中国轻工业出版社, 1998.

[18] 沈怡方.关于己酸菌的培养及其应用.酿酒科技,1998,(04):7-15.

[19] 沈怡方.中国白酒感官品质及品评技术历史与发展.酿酒, 2006, 33(04):3-4.

[20] 施思, 彭智辅, 乔宗伟, 等.浓香型大曲贮藏过程中糖化力发酵力变化及真菌多样性分析.食品与发酵工业, 2017, 43(5):76-79.

[21] 苏建, 张富勇, 刘阳, 等.MAP法去除白酒废水中磷的研究.酿酒科技, 2016, (10):134-136.

[22] 孙宝国, 吴继红, 黄明泉, 等.白酒风味化学研究进展.中国食品学报, 2015, 15(09):1-8.

[23] 王国春, 陈林, 赵东, 等.利用超临界CO_2萃取技术从酿酒副产物中提取酒用呈香呈味物质的研究.酿酒科技, 2008, (1):38-41.

[24] 王剑兰, 王道海.从行业之巅再攀新高　五粮液四摘最高质量桂冠.企业家日报, 2021-12-27(004).

[25] 王涛, 田时平, 赵东, 等.宜宾浓香型白酒窖泥中细菌的系统发育多样性.食品与发酵工业, 2011, 37(10):11-18.

[26] 王涛, 游玲, 赵东, 等.中高温大曲和曲房细菌群落的相关性.食品与发酵工业, 2012, 38(1):8-14.

[27] 王涛, 田时平, 赵东, 等.浓香型白酒窖泥、出窖糟醅细菌区系的相似性分析.食品科学, 2012, 33(7):193-197.

[28] 王小琴，练顺才，安明哲，等.大曲酯化力对固态酿酒的作用. 酿酒科技, 2016, (1):63-64.

[29] 王子今. "考古五粮液"成就对酒文化研究及汉代酒史考察的启示.四川文物,2022，(03):89-95.

[30] 吴衍庸.浓香型曲酒微生物技术.成都：四川科学技术出版社，1986.

[31] 谢正敏，练顺才，叶华夏，等.玉米蒸煮香气成分的研究. 酿酒科技, 2012, (9):68-71.

[32] 杨波，侯云春，严易程.2021年宜宾白酒产业营收突破1600亿. 四川经济日报, 2022-04-06(001).

[33] 杨波.五粮液：当好国企改革尖兵　引领川酒打造世界级优质白酒产业集群. 四川经济日报, 2021-12-20(004).

[34] 杨孟涵.双轮驱动，五粮液发展更趋稳健. 华夏酒报, 2017-10-24(D01).

[35] 杨孟涵.数字赋能，五粮液推进营销组织变革. 华夏酒报, 2019-03-12(D04).

[36] 叶华夏，练顺才，谢正敏，等.小麦蒸煮香气成分的研究. 酿酒科技, 2014, 000(1):38-42.

[37] 叶华夏，谢正敏，练顺才，等.酿酒用糠壳中蒸煮气味成分的研究. 酿酒科技, 2015, (1):55-58.

[38] 原峰.企业品牌价值评估方法改进研究. 安徽财经大学, 2015.

[39] 赵东，李扬华，向双全，等.顶空固相微萃取气相色谱质谱法测定曲药中的香味成分. 酿酒科技, 2006, (5):92-94.

[40] 赵东，牛广杰，彭志云,等.五粮液包包曲中微生物区系变化及其理化因子演变. 酿酒科技, 2009, (12):38-40.

[41] 赵东，彭志云，牛广杰，等.强化发酵丢糟再生产白酒的研究. 中国酿造, 2011, 30(2):147-149.

[42] 赵东，练顺才，彭志云，等.近红外光谱分析技术在白酒行业中的应

用.酿酒科技, 2011, 38(2):6-8.

[43] 赵东, 唐贤华, 牛广杰, 等.浓香型白酒发酵糟醅的质构特性与微生物消长分析.酿酒, 2013, 40(1):52-55.

[44] 赵东, 郑佳, 彭志云, 等.利用顶空固相微萃取、液液萃取和香气分馏技术鉴定糠壳的挥发性成分.酿酒科技, 2016, (12): 31-39.

[45] 赵东, 郑佳, 彭志云, 等.高通量测序技术解析五粮液窖泥原核微生物群落结构.食品与发酵工业, 2017, 43(9):1-8.

[46] 钟莉, 郑佳, 彭志云, 等.五粮液"包包曲"的生产特点和展望.酿酒科技, 2017, (6):37-43.

[47] 四川省地方志编纂委员会.四川省志　川酒志.北京：方志出版社, 2017.

[48] 宜宾五粮液集团"长发升"、"利川永"及北正街古窖池考古调查勘探报告.四川省文物考古研究院，2008.

[49] 宜宾五粮液集团有限公司，宜宾五粮液股份有限公司《五粮液志》编委会.五粮液志[M].成都：四川科学技术出版社，2011.

[50] 中国历届评酒会资料汇编.1991.

[51] 刘沛龙, 唐万裕, 练顺才, 等.白酒中金属元素的测定及其与酒质的关系（上）.酿酒科技, 1997, (06):23-28.

[52] 刘沛龙, 唐万裕, 练顺才, 等.白酒中金属元素的测定及其与酒质的关系（下）.酿酒科技, 1998, (01):20-28.

[53] 练顺才, 谢正敏, 廖勤俭, 等.一种测定白酒中环二肽的方法[P]. 四川省: CN104198641B.2016-06-01.

[54] 廖勤俭, 周韩玲, 王小琴, 等.酒中二元酸二乙酯的检测方法[P]. 四川省: CN110514765B.2022-04-22.

[55] 廖勤俭, 王小琴, 李杨华, 等. 酒和/或酿酒副产物中 γ -内酯的检测方法[P]. 四川省: CN111707755A.2020-09-25.

[56] QB/T 4259—2011 浓香大曲.

[57] GB/T 10781.1—2021 白酒质量要求　第1部分：浓香型白酒.

[58] GB/T 15109—2008 白酒工业术语.

[59] Li Min, Fan Wenlai, Xu Yan, et al. Volatile compounds sorption during the aging of Chinese Liquor (Baijiu) using Pottery Powder. Food Chemistry, 2021, 345: 128705.

[60] Liu Huilin, Sun Baoguo. Effect of Fermentation Processing on the Flavor of Baijiu. Journal of Agricultural and Food Chemistry, 2018, 66(22): 5425-5432.

[61] You Ling, Zhao Dong, Zhou Rongqing, et al. Distribution and function of dominant yeast species in the fermentation of strong-flavor baijiu[J]. World journal of microbiology & biotechnology, 2021, 37(2): 26.

[62] Wang Qi, Liu Kunyi, Liu Linlin, et al. Correlation analysis between aroma components and microbial communities in Wuliangye-flavor raw liquor based on HS-SPME/LLME-GC-MS and PLFA. Food research international, 2021, 140: 109995.

[63] Wei Jia, Fan Zibian, An Du, et al. Recent advances in Baijiu analysis by chromatography based technology–A review. Food Chemistry, 2020, 324: 126899.

[64] Zhao Dong, Zheng Jia. Research Progress on Aroma Compounds in Wuliangye. ACS Symposium Series (Sex, Smoke, and Spirits: The Role of Chemistry), 2019, 1321:253-261.

[65] Zheng Jia, Liang Ru, Zhang Liqiang, et al. Characterization of microbial communities in strong aromatic liquor fermentation pit muds of different ages assessed by combined DGGE and PLFA analyses. Food Research International, 2013, 54(1): 660-666.

[66] Zheng Jia, Zhao Dong, Peng Zhifu, et al. Variation of aroma profile in fermentation process of Wuliangye baobaoqu starter. Food Research International, 2018, 114:64-71.

[67] Zheng Jia, He Zhanglan, Yang Kangzhuo, et al. Volatile Analysis of Wuliangye Baijiu by LiChrolut EN SPE Fractionation Coupled with Comprehensive GC×GC-TOFMS. Molecules, 2022, 27(4):1318.

[68] Zhu Min, Zheng Jia, Xie Jun, et al. Effects of environmental factors on the microbial community changes during medium-high temperature Daqu manufacturing. Food Research International, 2022, 153:110955.